普通高等学校运动训练专业教材

iCourse · 教材

运动技能学习与控制

国家体育总局科教司　组编
任　杰　主编

CSEA 体教联盟
CHINA SPORT EDUCATION ALLIANCE

中国教育出版传媒集团
高等教育出版社 · 北京

内容简介

本书为国家体育总局科教司组织编写的运动员文化教育统编教材，也是普通高等学校运动训练专业系列教材之一，同时也是国家体育总局“体育专业教材与在线学习平台建设项目”中“运动技能学习与控制”在线课程的配套教材。本书以信息加工理论为基础，围绕人类运动技能学习和控制过程中的基本规律，着重介绍运动技能的种类与测量、运动技能控制的理论模型和实验证据、影响运动技能学习的内外因素、提高运动技能学习效果的指导方法和手段。本书在内容上突出上述理论在体育领域的实践意义。

本教材为新形态教材，根据优秀运动员和普通高等学校运动训练专业学生的学习需求编写，同时可供体育院校各专业的学生使用，也可以作为运动员、教练员学习的参考书，还可以作为体育学研究生教育的参考书。

图书在版编目（CIP）数据

运动技能学习与控制 / 任杰主编 ； 国家体育总局科教司组编. -- 北京 ： 高等教育出版社，2019.11（2023.11 重印）
ISBN 978-7-04-052845-9

Ⅰ. ①运… Ⅱ. ①任… ②国… Ⅲ. ①体育运动－运动技术－高等学校－教材－英文 Ⅳ. ①G819

中国版本图书馆CIP数据核字(2019)第227296号

运动技能学习与控制
Yundong Jineng Xuexi yu Kongzhi

策划编辑 易星辛　责任编辑 易星辛　封面设计 李小璐　版式设计 童 丹
插图绘制 于 博　责任校对 王 雨　责任印制 存 怡

出版发行 高等教育出版社
社 址 北京市西城区德外大街4号
邮政编码 100120
印 刷 肥城新华印刷有限公司
开 本 787mm×960mm 1/16
印 张 12.75
字 数 220千字
购书热线 010-58581118
咨询电话 400-810-0598
网 址 http://www.hep.edu.cn
http://www.hep.com.cn
网上订购 http://www.hepmall.com.cn
http://www.hepmall.com
http://www.hepmall.cn
版 次 2019年11月第1版
印 次 2023年11月第7次印刷
定 价 26.00元

物 料 号 52845-00

本书编委会

主　编：

任　杰（上海体育大学）

副主编：

王碧野（扬州大学体育学院）

编　委：

王树明（华东师范大学体育健康学院）

金亚虹（天津体育学院）

冯　琰（沈阳体育学院）

朱昭红（西安体育学院）

陆颖之（上海体育大学）

王新平（河南大学体育学院）

编写说明

熟练掌握专项运动技能是运动员竞技比赛获胜的必备要素之一，因此，如何更加科学合理地进行运动技能的练习是教练员和运动员应该掌握并能实践应用的知识。“运动技能学习与控制”就是一门专门讲述人类运动技能在学习和控制中的理论与实践规律的课程，课程内容以信息加工理论为基础，并结合了认知心理和行为控制理论，阐述了影响运动技能习得和控制的因素，介绍了提高运动技能学习效果和控制效果的理论知识，能有效指导体育运动中运动技能的教学和训练实践。“运动技能学习与控制”是《普通高等学校本科专业类教学质量国家标准》规定的体育教育专业、运动训练专业的核心课程，是体育学科领域非常重要的一门课。

“运动技能学习与控制”课程在国外有较长的教学历史、成熟的教学内容和丰富的教学资料，如 Schmidt 和 Lee 编写的 *Motor Control and Learning: A Behavioral Emphasis*；Magill 和 Anderson 编写的 *Motor Learning and Control: Concepts and Applications*；Schmidt 和 Wrisberg 编写的 *Motor Learning and Performance*；Latash 和 Lestienne 编写的 *Motor Control and Learning*。以上均为本学科的经典著作，在国外大量被当作本科生或研究生的教材使用，但对于国内应用存在语言与难度两大难题，不适合作为运动员开展学习的基础教材。

为加强在训优秀运动员文化教育，推进体育专业教材及在线课程建设，国家体育总局科教司启动了运动训练专业教材和在线课程建设项目，“运动技能学习与控制”是其中一门课程教材。为了贯彻落实党的二十大精神，本教材注重突出教材的科学性、权威性、时代性、适用性，不仅吸收了国外成熟的理论成果，而且考虑国内的教学需求，在教材深度和难度的把握上更适于国内教学和应用。

本教材的编写特色主要体现在教材内容紧密结合体育运动训练实践，参考了国外有关运动技能的经典教材，结构清晰，内容具有科学性、实用性，有利于运动员和教练员学习。本书内容主要分为两个部分，一部分主要讲述运动技能控制的理论，另一部分主要讲述运动技能的学习过程。具体而言，教材内容包括概述，讲述学科基本概念与脉络；运动认知、决策、注意、唤醒水平，阐述以上内容与运动技能控制的关系；运动技能的控制环路，重点介绍开放环路与闭合环路控制；控制原理，主要包括简单动作的控制原理与复杂动作的协调控制；运动技能的学习，主要涵盖学习的概念与测量的方法；指导、示范、练习与追加反馈，主要讨论运动技能学习过程涉及的关键环节或步骤与学习的关系；最后，探索个体运动能力的差异问题。以上内容涵盖了本领域理论与实践中的绝大部分内容。

本教材由上海体育大学任杰教授牵头并主笔，扬州大学体育学院王碧野博士参与全书的修改，国内多所高等院校的教师学者共同参与编写。具体编写分工如下：任杰教授编写第一、六、七章，冯琰副教授编写第二章，朱昭红副教授编写第三章，王碧野博士编写第四、五章，王树明教授编写第八、九章，陆颖之博士编写第十章，金亚虹教授编写第十一章，王新平教授编写第十二章。

本教材是国内第一本面向运动员以及运动训练专业本科段学生的《运动技能学习与控制》教材，同时还配套在线课程。

由于水平有限，教材难免会存在不足之处，恳请读者批评指正。

编写组

2023 年 10 月

目录

第一章

运动技能概述

本章导读

运动员想在竞技运动中获胜，必须在体能、技能、战术、心理等方面超越对手。本书将围绕运动技能学习和控制过程中的客观规律展开论述。与动物相比，人类的运动技能不仅更加复杂，而且更具有目的性。除了走、跑、跳、投等基本的运动技能以外，人类在进化过程中还学会了使用各种工具来完成复杂的操作。这是人类区别于其他生物的关键特征。在竞技体育中，运动员经常完成一些让常人无法想象的高难度动作，这些动作是如何做到的？如何练习更有效？除了竞技体育，人们在日常生活或其他领域中也会表现出一些高超的技能，如钢琴师演奏、技术工人操作设备、厨师的厨艺手法等。研究发现，无论是日常生活还是竞技体育，人们所完成的各种运动技能都存在一些共同的特点、影响因素和变化规律。

学习目标

1. 掌握运动技能的概念，了解运动技能与其他相近概念的区别和联系，熟悉高水平运动技能的表现。

2. 掌握运动技能的种类，熟练分析不同运动项目中各种技能组成的类别属性和特点。

3. 熟悉运动技能绩效的测量与评价方法，掌握用反应时和准确性评价运动技能绩效的方法和手段。

第一节 运动技能的概念

一、概念的界定和辨析

运动技能（Motor Skill）又称动作技能。国内学者一般将其定义为：个体通过练习而获得的符合某种法则的动作方式（马启伟，张力为，1998），而国外学者大多认为运动技能是通过练习获得的，以最高的准确性、最少的时间和最经济的能量消耗实现预定目标的行为。这两种定义的共同之处是两者都认为运动技能是通过练习获得，不是天生具有的。不同之处在于前者注重运动技能的总体特征，将其视为合乎某种规则的动作方式，而后者强调运动技能的绩效（Performance）特征，着眼于对绩效的测量和评价，如速度、准确性、能量消耗，具有较强的可操作性。

运动技能的含义还可以从定性与定量两个层面去理解。从定性层面上分析，并不是所有的动作行为都可以被包含在运动技能范畴之内。运动技能是通过练习获得的动作行为，因此，天生就会的动作行为，如咀嚼、眨眼就不属于运动技能。另外，实施运动技能是为了实现某一目的，如在篮球运动中完成投篮动作，动作目的是要把篮球投到篮圈内。因此，像平时无意识抖动一下小腿这样的动作就不属于运动技能。从定量层面分析，运动技能有高低水平之分，通常用运动技能绩效这一术语来衡量个体的运动技能所达到的水平。为完成某一个目标任务，不同水平的运动技能在动作速度、准确性和能量消耗等方面的绩效有所不同。

在体育运动领域，有几个常用的术语很容易与运动技能混淆，如运动能力、运动技术、运动体能。教练员、运动员以及科研人员如果错误使用这些概念，就很容易影响沟通，影响训练计划的实施，引起一些不必要的争论。

运动能力（Ability）：是能力的一种，其他能力还有语言能力、音乐能力、绘画能力等。心理学将能力定义为人们成功完成某种活动所必需的个性心理特征，并将能力分为一般能力和特殊能力两种。一般能力就是智力，特殊能力则包括运动能力、音乐能力等。运动能力通常被认为是主要由先天遗传决定和生命早期环境影响的个体特征之一。运动技能则是通过后天的练习获得的。两者的关系主要是具有较高运动能力者在练习运动技能时进步较快，否则反之。在本书第十二章中对此还有具体的阐述。

运动技术（Technique）：是指完成特定体育活动的肢体动作组成与方法，通常是指能充分发挥人的体能，合理有效完成动作的方法。每一项技术有特定的名称、标准和具体的描述，如乒乓球的正手技术、反手技术，篮球的传接球技术。技术还可以进一步细分，如乒乓球的正手技术还可以分为正手拉冲、正手挑打、正手劈长等技术。每一种技术都有自己的动作要领、规范和适用场合。技术有种类之分，有先进与落后之分，但技术本身没有好坏高低之分。一项运动技术通常由多个动作组成，是从运动项目的角度去理解这些动作的组成。运动技能是从个体的角度去理解这些动作的控制和习得过程。在某种意义上，运动技能水平可以代表掌握某项运动技术的熟练程度。

运动体能（Strength Conditioning）：许多学者把体能看作是运动技能的基础，或者把运动技能当作体能的一部分，这种观点并不合理。尽管运动技能和体能都是高质量完成某动作行为所必需的，但两者所指的要素不同。体能主要指肌肉力量、肌肉速度、爆发力、有氧耐力及无氧耐力等要素，与身体素质有相近的含义。运动技能主要指反应时间、动作速度、动作准确性、动作稳定性以及动作协调性等方面。在竞技体育中，绝大多数运动技能需要较高的体能支持，如棒球的投球、排球的扣杀、足球的射门都需要运动员具备很强的手臂或腿部爆发力。有些运动技能对体能的依赖性比较低，如射击、高尔夫推杆以及乐器演奏、书写、键盘打字等许多非体育领域的运动技能。运动技能和体能都需要通过练习逐步提高。

二、运动技能的构成要素

几乎所有的运动技能都包含两个基本的构成要素：认知要素和运动要素。只是两种要素在不同运动技能中所占的比重不同。没有认知成分或者没有运动成分的运动技能都不能被称为真正意义上的运动技能。对运动技能学习和控制规律的探索也必须建立在对这两个要素细致分析的基础之上。

（一）认知要素

运动技能中的认知要素由若干部分组成。首先，感知系统负责收集环境或对手等信息。然后，中枢系统需要对这些信息进行判断，并决定下一步的行动方案，包括做什么、如何做、何时做。随后，中枢系统发出运动指令使肌肉以特定的方式活动。比如，在羽毛球运动中，运动员必须观察对手的击球方式和球的飞行路线，然后判断球的高度、速度和落点，最后决定移动身体并采取合适的技术动作回击。在某些运动技能的实施过程中，感知系统还要不断收集动作是否达到目标的信息，中枢系统决定是否需要改变动作，或者继续执行原先的决策。因此，运动技能的认知要素包含以下四项内容：① 感知重要的环境信息；② 决定做什么、如何做、何时做；③ 发出运动指令，产生有组织的肌肉活动，并实施行动；④ 收集有关动作效果的反馈信息。

（二）运动要素

运动技能中的运动要素同样也由若干部分组成。比如，网球的接发球技能。首先，运动员要做好接球的准备，此时，站立姿势和握拍方式非常重要，因为这是实施接球并回击的“动作平台”，人体重心的位置将影响到身体的移动速度，握拍方式也将影响击球的有效性。然后，当对方的球飞来时，身体必须及时移动，到达较佳的击球位置，此移动方式称为“步法”。最后，就是实施击球动作。有效的击球动作可以把球击到所期望的位置。运动技能中的运动要素包含以下三项内容：① 姿势成分。为动作提供支持平台。② 移动成分。使身体和肢体移动到动作位置。③ 操作成分。完成动作。

三、高水平运动技能的表现

（一）较短的动作时间

高水平运动技能能够在最短时间内，以最快动作速度达成目的。比如，在各种球类项目的进攻和防守中，运动员需要实现快速的身体移动和肢体动作。在田径、拳击、游泳等项目中，快速地完成运动动作都是运动员技能水平高低的表现。

（二）较高的准确性和成功率

高水平运动技能的另一特征是能够以较高的准确性来完成任务，而且能够稳定地表现出这种准确性。比如，投篮命中率，十次投篮命中八次者比命中四次者拥有更高的投篮技能。这意味着偶尔一次投篮命中并不能代表这位投篮者具有较高水平的投篮技能。

（三）较低的身体和心理能量消耗

高水平运动技能在完成运动任务时所需能量较少，从而能够节约能量，保障下一个运动任务的实施。对于某些运动技能，虽然节省能量并不是其最终目的，比如田径中的铅球项目，运动员的目标是把铅球推向最远处，但也必须合理地使用有限的体能。也就是说，如果把铅球投掷到相同的距离，高水平运动员协调的肌肉运动可以降低能量的消耗。如果消耗同样的能量，高水平运动员就能够把铅球推得更远。对于有些运动技能而言，降低能量消耗尤其重要。不管是足球、排球，还是体操、游泳等项目，运动员要想在比赛后期保持良好的体能状态，就必须在比赛前期降低能量的消耗。另外，高水平运动技能不仅体能消耗较少，而且在心理或精神方面的能量消耗也较少。具有高水平运动技能的运动员能够自动化地完成某些动作，不需要或只需少量注意参与，从而减少心理疲劳的出现。

以上三方面不仅反映了高水平运动技能的表现特征，而且也提供了评价运动技能水平高低的手段和指标。教练员可以通过动作速度、动作准确性以及能量消耗等指标来衡量运动员的技能水平或某种练习方法的有效性。不过需要注意的是，并不是所有运动技能在上述三方面都会有共同的练习效应。不同的运动技能在这三个方面有不同的侧重。某些运动技能的绩效主要体现在动作速度上，某些运动技能则主要体现在准确性或能量消耗上。

第二节　运动技能的种类

运动技能的种类众多，同类的运动技能往往具有一些共同的特征、相似的控制机制和相近的指导与练习方法。为了便于研究和指导练习，有必要对其进行分类。

一、开放式运动技能与闭锁式运动技能

根据动作完成过程中环境的稳定性和可预测程度，可以把运动技能分为开放式运动技能（Open Skill）和闭锁式运动技能（Closed Skill）。在运动技能的实施过程中，如果环境（包括他人的行为）的变化难以预测，动作的实施必须随环境的变化而及时改变，那么，这类运动技能就称为开放式运动技能。比如，足球的带球过人、拳击的进攻和防守等。因为实施这些运动技能时，运动员很难完全预测到对手的下一个动作。与此相反，环境比较稳定，并且可以预测的运动技能称为闭锁式运动技能。比如，体操的规定动作、百米赛跑等。但在运动技能的具体分析中，“开放式”和“闭锁式”可

以理解为一个连续体的两端，有些运动技能则处于这个连续体中间的某一处，在实施这些运动技能过程中，操作者对环境变化有一定程度的预测，如图 1–1 所示。

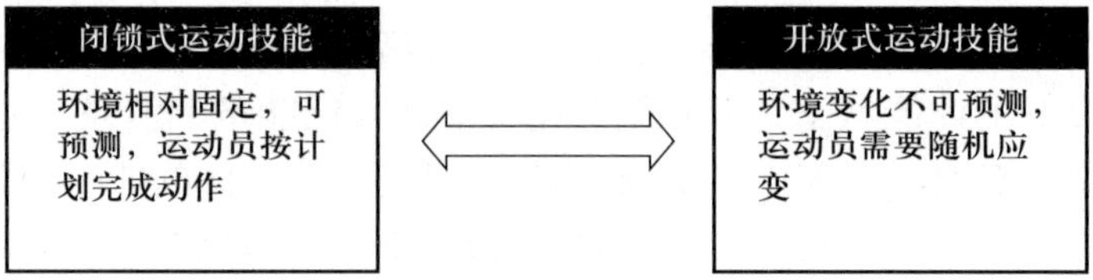

图 1–1 开放式运动技能与闭锁式运动技能

（改编自 Schmidt 和 Lee，2011）

这种分类方法体现了运动技能的一个重要特点，就是运动者在实施该运动技能时是否需要对环境的不断变化做出应答，反映在运动技能实施过程中，人的知觉、模式识别、决策等信息加工的重要性。闭锁式运动技能对环境的信息加工活动较少，也没有时间上的压力，运动者可以事先对环境状况进行评价，提前对动作进行组织。而开放式运动技能对环境的信息加工多，而且时间紧迫，运动者事前无法对动作进行组织，在实施过程中必须快速发动动作，发现错误时还需要快速修正动作。

开放式运动技能与开放式运动项目

二、连续性运动技能、非连续性运动技能、系列性运动技能

根据动作的连贯性以及是否有明确的开始和结束，可以将运动技能分为连续性运动技能、非连续性运动技能和系列性运动技能。非连续性运动技能就是该技能的实施有明确的开始和结束，动作的持续时间通常比较短，如投篮、射击、掷标枪。连续性运动技能就是该技能的实施通常没有明显的开始和结束，如跑步、游泳、骑自行车，前一个动作结束就是后一个动作的开始，没有明显的界线。连续性和非连续性运动技能有许多不同之处，连续性运动技能强调动作的连接和转换、信息反馈的作用等；非连续性运动技能强调动作起动前的准备和起动的时机等。这两类运动技能的控制过程中存在不同的信息加工方式，在教学上也应该采用不同的手段。

介于上述两种运动技能之间的称为系列性运动技能，通常是由一组非连续性运动技能连接在一起，组成一个较复杂的运动技能。图 1–2 显示了这些技能的区分。系列性运动技能的成功操作关键在于各技能环节之间的有效连接。比如，完成一个体操或舞蹈中的规定动作，或在滑雪比赛中，通过

一连串障碍物的运动。系列性运动技能与非连续性运动技能的不同之处在于，前者的时间相对较长，每个动作环节都有明显的开始和结束。系列性运动技能的练习通常就是把预先获得的非连续性运动技能组合起来，形成一个较复杂的、单个的运动技能。

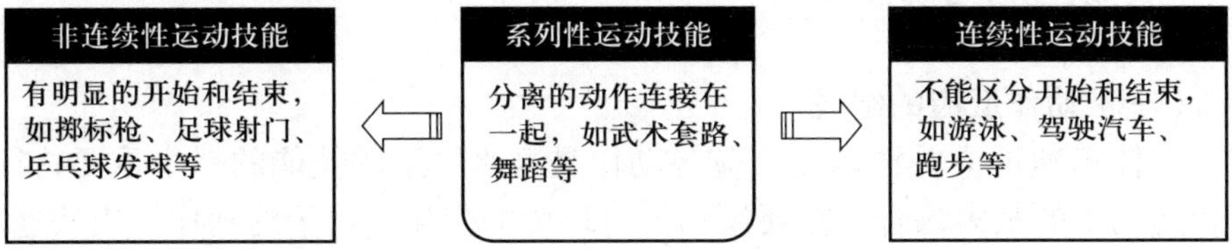

图 1–2 非连续性、连续性、系列性运动技能的对照
（改编自 Schmidt 和 Lee，2011）

三、小肌肉群运动技能和大肌肉群运动技能

根据完成运动技能时肌肉参与的不同，把运动技能分为小肌肉群运动技能和大肌肉群运动技能。小肌肉群运动技能是指以小肌肉群细致、精巧的活动为主要成分的运动技能，突出动作的准确性、稳定性和平衡性，如绣花、打字、投飞镖。大肌肉群运动技能是指以大肌肉群活动为主要成分的运动技能，通常表现出动作的速度、力量和耐力等特性，如摔跤、跑步、推铅球。

在体育运动中，单纯的小肌肉群运动技能或大肌肉群运动技能可能并不存在。多数运动技能是大小肌肉群的不同比例的组合（图 1–3）。相对而言，实施大肌肉群运动技能需要运动员具有较强的体能，同时还需要强烈的运动动机和坚强的意志力，而实施小肌肉群运动技能时，运动员最好能保持平静而稳定的情绪。很多运动员在训练中只注重大肌肉群的训练，而忽略小肌肉群的训练，当受到运动冲击时，肌肉和韧带往往会从薄弱处受伤，因此，在进行大肌肉群训练的同时，应同时注重小肌肉群的训练（王家磊，2008）。

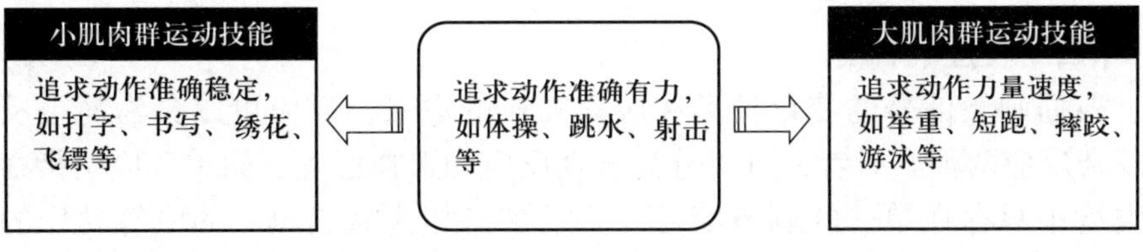

图 1–3 小肌肉群、大肌肉群运动技能的对照

第三节 运动技能绩效测量和评价

一、反应时与动作时

（一）动作反应的组成

个体迅速反应并快速完成应答动作是高水平运动技能的一个重要特征。体育运动中的很多场合都需要运动员对环境的变化或对手的动作做出快速应答，如赛车、羽毛球、拳击。从信息加工的角度分析，人的反应过程包括各种信息经过感觉输入、中枢加工、输出到效应器完成应答动作等若干个环节，这一过程要花费一定的时间。研究者将刺激信号出现到应答动作完成之间的时间间隔称为应答时间（Response Time）。如图 1–4 所示，整个动作反应过程可以分为三个阶段：在刺激信号出现之前可能存在的提示信号到刺激信号出现之间，有一个时间长度不确定的时间称为动作的预备期；从刺激信号出现到应答动作开始的这一段时间称为反应时（Reaction Time，RT）；从应答动作起动到应答动作结束的这一段时间称为动作时（Movement Time，MT）。RT 和 MT 相加就是应答时间。RT 是认知心理学研究中最重要的反应变量和评价指标之一，MT 则是行为分析中的一个重要指标。在运动技能学习与控制领域，RT 和 MT 均是评价运动技能绩效的重要指标。通过练习，个体的动作加快和反应时缩短都是衡量其运动技能熟练程度的一个重要特征。

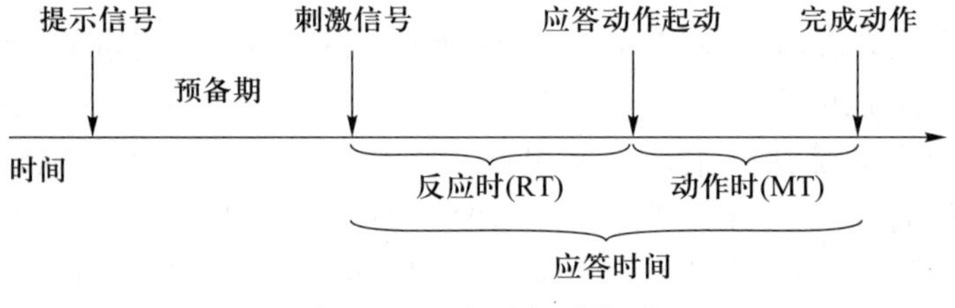

图 1–4 反应时与动作时

（二）反应的种类

根据刺激信号的变化种类和应答方式的数量，反应可以分为简单反应和复杂反应两种。后者又可以分为辨别反应和选择反应。简单反应是指在测试情境中只存在单一的刺激信号，要求被试相应做出单一的应答动作的反应。简单反应所需要的时间称为简单反应时（Simple RT）。辨别反应是指测试情境中存在两个或者两个以上的刺激信号，但被试只需对其中一个信号做出预先规定的应答动作，对其他信号不需要反应。这时测得的反应时间称为辨别反应时（Discrimination RT）。选择反应是指在测试情境中包含两个或两个以上的刺激信号，并且每个刺激信号都有与其对应的反应方式。这时测得的反应时间称为选择反应时（Choice RT）。

这三种反应在体育运动中均存在。比如，在短跑比赛的起跑过程中，发令枪响是唯一的刺激信号，运动员发力蹬腿是唯一的动作反应，因此这种反应是一种典型的简单反应。在一些集体项目中，如排球、篮球运动员在比赛中需要对某些位置的球或者对某些对手进行防守应答，而对其他位置的球或对手不需要防守应答，这种反应就属于辨别反应。而在大多数对抗性项目中，运动员都要根据对手的不同动作或者环境的改变做出快速合理的应答动作，这种反应就属于选择反应，如拳击、乒乓球。

（三）反应时的测量

对反应时进行测量需要考虑以下几个条件：刺激出现前是否有预备信号；预备信号与刺激出现之间的时间间隔如何设置；刺激信号以何种方式出现，比如是声音、灯光还是碰触；被试以何种方式应答；应答动作的组成等。这些条件的变化可能影响反应时间。

由于反应时的时长较短，因此对其测量的精度要求较高。在测试仪器方面，常用的有以下几种：

（1）专用的反应时测试仪。许多厂家生产了不同型号的反应时测试仪，通常采用一些专用的电子元件或单片机，测试的时间精度较高。因为仪器具有专用性，因此，在适用性方面存在不足，往往不能满足科研人员的特殊需要。

（2）采用电脑软件开发。电脑硬件性能的进步和软件开发的多样性是科研人员采用电脑进行反应时测试的主要理由，但受到操作系统的某些局限，在计时精度上存在一定缺陷。为此，国外某些软件开发商专门编制了适用于科研人员使用的软件系统，如 E-prime 软件，既可以由科研人员编制各种测试条件，又能在计时精度上达到较高标准，因此，深受科研人员的青睐。

（3）高速摄像设备。采用高速摄像机在时间测试的精度和拍摄图像的直观性上，可满足某些反应时的测试研究。

（4）肌电（EMG）设备。采用肌电设备可以敏感地检测到肌肉的活动，数据采样率较高，因此，能以较高精度测试反应时。

二、误差分析

（一）误差的含义和种类

反映运动技能水平高低的另一个重要特征是动作的准确性，也就是所实施的动作操作在时间或空间上是否达到预先设定的目标。每一次动作操作与目标间的差距就是误差，其中包括时间误差和空间误差。误差越大，说明动作越不准确，完成的动作与既定目标差距大；反之则说明动作准确，离既定目标差距小。在体育比赛的很多场合，都可以看到高水平运动员表现出极高的动作准确性。比如，射击和射箭，准确击中目标靶心是评价运动员成绩的唯一标准；乒乓球发球时，运动员可以把球发到对方台面上的一个预设位置；篮球的投篮、足球的射门等都是动作准确性的体现。除了这些空间上的准确性以外，时间上的准确性也充分体现在体育运动比赛中。比如，乒乓球的接发球，运动员要在特定时间内将球拍移动到球的运行路线上击中球；棒球的挥棒击球动作也是如此，动作过早或过晚起动都可能导致击不中球。空间准确性和时间准确性经常同时出现在某些运动技能要求上，比如，棒球的击球技能是棒和球在特定的时间和空间上相遇。有些运动技能对空间准确性的要求高一些，有些则对时间准确性要求高一些。

在竞技运动中，动作的空间准确性还有另一种表现。对于某些连续性运动技能而言，肢体的运行轨迹是空间上的一条连续的轨迹。比如，体操、舞蹈等，运动员的技能表现是否与预先编排的动作轨迹一致是评价其运动技能水平的重要指标。实际的肢体移动轨迹与预设的动作方式之间的误差可能成为轨迹误差。某些开放性运动技能，如开车时，驾驶员也需要根据道路轨迹连续操作方向盘沿道路轨迹行驶，此时，行驶路线与道路轨迹的不一致性也是一种轨迹误差。轨迹误差是空间误差的一种表现方式，这种误差越大就意味着运动技能水平越低。

任何运动技能的实施都需要由肌肉的收缩带动肢体的运动，因此，对运动技能的深入分析还可以发现另一种动作准确性，那就是力的准确性。比如，篮球投篮，通过篮球的命中率可以评价运动员投篮技能的熟练程度，也可以进一步分析运动员投篮时手臂的用力情况，因为力的大小和方向决定了球的飞行路线。在任何位置投篮，一定存在正确的力量和正确的方向。运动员实际的用力与正确用力之间存在的误差可以称为力的误差。动作的空间误差和时间误差都是由力的误差造成的。关于运动技能的力学分析在后面部分将进一步介绍。

（二）误差的评价方法

竞技比赛通常只给运动员一次施展才华的机会，一次动作尝试就可能决定比赛的胜负，但对运动员技能熟练程度的评价往往需要进行多次测试来推断。也就是说，一次投篮命中并不意味他 / 她的投篮技能一定很高，如果连续十次投篮都命中，才可以评价他 / 她的投篮技能较高。如果希望通过测量被试动作操作的误差来评价其技能熟练程度，那么，应该如何对多次测试所获得的误差数据进行综合分析呢？下面介绍几种不同的误差统计方法。

1. 恒定误差（Constant Error，CE）

恒定误差就是误差的平均值。计算每一次操作的误差，然后求平均数。计算公式如下：

$$\mathrm{CE}=\sum(x_i-T)/n$$

由于误差具有方向性，也就是在数据上有正负之分，直接计算均值时会互相抵消，因此，得到的 CE 值通常小于大多数单次测试的误差。CE 反映的是该被试多次尝试结果的中心位置与目标位置的平均误差距离，但不能反映其动作的稳定性。

2. 变异误差（Variable Error，VE）

变异误差是指反应动作误差的内部变异。以多次测试值的均值为中心，计算这些测试误差的离散度。计算公式如下：

$$\mathrm{VE}=\sqrt{\sum(x_i-M)^2/n}$$

这种统计方法以样本数据的均值（M）为中心，反映这些数据的离散程度。VE 值越小，说明数据离散度越小，表明动作更加稳定。由于 VE 值的计算不考虑动作目标的位置，因此，不能反映被试动作的准确性，只能反映动作的稳定性。

3. 总变异（Total Variability）

这个统计量代表以预定目标为中心的样本数据的总的变异量。计算公式如下：

$$\mathrm{E}^2=\mathrm{VE}^2+\mathrm{CE}^2$$

或者

$$\mathrm{E}=\sqrt{\sum(x_i-T)^2/n}$$

总变异 E 既反映了操作离目标的准确度，也反映了每次操作间的离散程度。这种统计值又称为误差均方根，很多研究者都推荐 E 来评价一组测试的准确性。

4. 两维空间和三维空间上的误差

在现实的动作操作中，更多的是在两维的平面空间和三维的立体空间上，因此，动作的目标位置和实际操作之间不仅仅存在距离上的误差，而且还存在误差的方向问题。常用的分析方法是先建立以动作目标为原点的平面直角坐标系或立体直角坐标系，然后，将实际动作操作的空间位置分解为 x 轴、y 轴和 z 轴上的误差，再分别进行 CE、VE、E 等误差统计量的计算（图 1–5）。

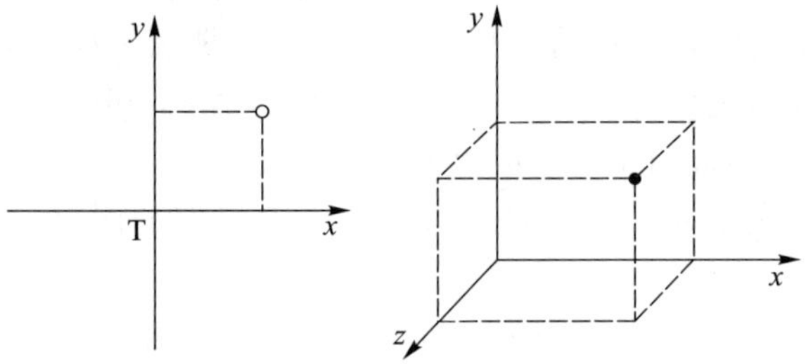

图 1–5 在两维和三维空间上的误差计算

5. 轨迹误差

在连续性运动技能操作中，被试的肢体移动与标准动作或动作目标都是一条连续的运动轨迹。随着时间的变化，实际动作与目标的空间位置不断发生变化。因此，计算两者间的误差要采用误差均方根（Root Mean Square，RMS）的方法。在实验室里，研究者常用一种轨迹追踪任务来研究运动技能的学习，就是用手控制一个操纵杆跟踪一个移动的光点。此时就要采用 RMS 来分析受试者的技能绩效。

RMS 的计算方法类似于前述总变异 E 的算法。由于目标点的位置随时间在变化，因此，在计算前首先把时间分成均等的片段。比如，把 1 秒的动作分成 100 个片段，每个片段代表 10 毫秒。测试每个片段中动作位置的均值和目标位置的均值。这样就可以获得 100 个动作位置和目标位置。分别以 x_i 和 T_i（$i=1, 2, 3, \cdots, 100$）表示。把动作时间分成 n 个片段后，RMS 的计算公式如下：

$$\mathrm{RMS}=\sqrt{\sum(x_i-T_i)^2/n}$$

RMS 值所代表的实际含义近似于两条轨迹曲线之间的面积（图 1–6）。RMS 值越大，意味着两条曲线越不一致，就说明动作误差大。RMS 值越小，两条曲线间的面积越小，说明轨迹比较一致，动作的误差就越小。RMS 为 0 时，两条轨迹曲线就完全重叠了。在计算 RMS 过程中，时间片段划分得越小，即 n 越大，则计算的精度越高。

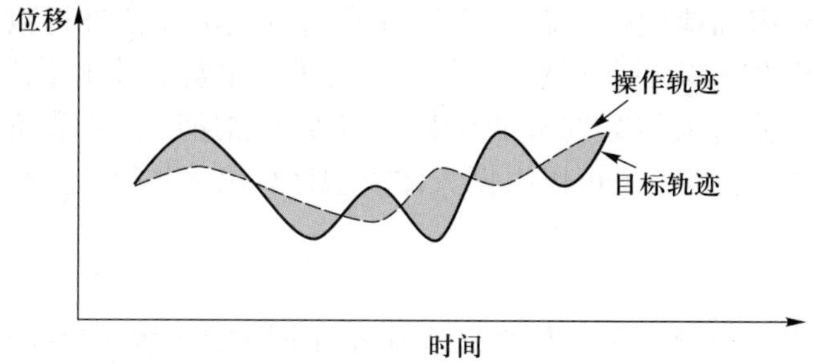

图 1-6 在轨迹追踪任务中的误差计算
（改编自 Schmidt 和 Lee，2011）

三、行为学指标

（一）运动学指标

运动学特征主要指物体运动的位移、速度、加速度和角度等特征。对运动技能绩效的客观评价通常涉及肢体或身体各部分的运动特征，如手的空间位置、移动速度、肘关节的角度变化等。基于这些数据可以对运动员在不同条件下的运动技能绩效以及不同水平运动员的技能熟练程度进行分析。

人体运动学特征的获取通常采用摄像机从多个角度进行拍摄，然后通过图像采集和分析软件对视频中运动人体各部位的运动特征进行分析。在拍摄前，在人体相应关节点贴上标记有助于后期的数据采集，如果采用红外摄像机还可以过滤掉许多背景图像，使得拍摄的视频材料更容易通过计算机解析（图 1-7）。当要记录特别快速的运动物体时，采用高速摄像机可以避免出现图像的模糊。采用多台摄像机可以分析物体的三维立体坐标。除了摄像

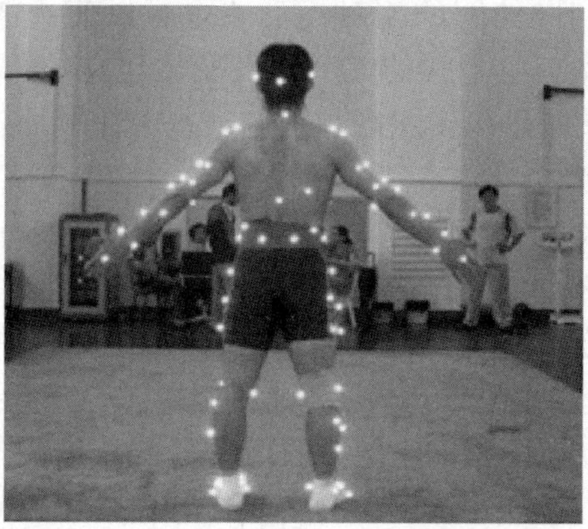

图 1-7 在人体关节贴上反光标记，采用红外摄像机捕捉人体动作

机，还可以采用加速度计、磁跟踪设备或超声定位设备进行数据采集。总之，科学技术的进步给运动技能学的研究提供了丰富的技术手段。采用这些设备不仅可以分析人体各部分的位移、速度、加速度、关节角度、角加速度、肢体协调等信息，还可以根据人体模型计算出人体重心的位置及其运动变化。

1. 位移

位移指肢体和身体某部位在运动中某个时间点所处的空间位置。由于人体在三维的立体空间中运动，因此，事先应该确定一个参考原点和直角坐标系，采用前述的图像记录和分析设备可以按时间序列揭示人体某部位的空间位置变化。

2. 速度

速度指在单位时间内运动物体的位移。速度具有方向性，因此，根据需要可以将三维立体空间内物体的运动速度分解成 x、y 和 z 轴方向的速度，计算出瞬时速度或平均速度。

3. 加速度

加速度指的是单位时间内运动物体的速度变化。与速度一样，加速度也具有方向性，需要根据立体坐标系进行分解。

4. 关节角度

关节角度是指人体运动的某个时间点某关节两端肢体的夹角。人类的运动都是通过肌肉牵引骨骼绕关节运动来实现的，因此，在某些研究中，研究者对肢体的关节角度的变化特别感兴趣。通过计算单位时间内关节角度的变化可以得出关节的角速度和角加速度。

5. 协调性

协调性是指不同肢体间的相对运动关系。目前，常用的一种分析方法是将两个肢体或肢体与躯干间的关节角度变化建立角角图。通过这种分析，可以更多地揭示出人体运动技能控制中的某些潜在特征。

（二）动力学指标

与运动学分析不同，动力学分析在研究物体运动中考虑了力的作用。力是人体运动的直接原因。因此，对人体运动的原因进行分析是运动技能学的重要一环。由于运动学分析方法很难直接揭示个体动作操作中力的变化，而且当前还缺乏可以直接测试肌肉的收缩力量的仪器设备，因此，利用力的作用和反作用原理，通过外部设备的力量传感器，可以间接记录肢体运动中力的变化。这类设备包括测力台、拉力计、压力片等，可以将力的大小转换成模拟或数字电信号。研究者还经常利用力传感器，自行设计一些针对某种运动技能的测试设备。

力的单位是牛顿，如果要考虑人体自身重量的因素，研究者还会用到力的体重百分比这个指标，就是把测得的力除以被试的体重，以便提高个体间的可比性。另外，由于人体的运动大多是肢体绕关节的转动，因此，经常把力转换成关节力矩（Joint Torque）来分析力的实际效果。将力和力的作用时间结合起来还可以计算出做功和功率的大小，这样，就能在一定程度上分析人体运动的能量消耗。

人体通常受到内力和外力的联合作用，内力主要来自肌肉的收缩，而外力包括重力、空气阻力、摩擦力以及各种外加负荷，因此，要分析运动技能实施过程的各种力的大小及作用机制存在较大的难度。总之，根据研究的需要，采用特殊的仪器设备进行动力学分析，可以使运动技能学的研究更加深入。但是，由于受到测试设备的局限，目前在运动技能学研究中，动力学研究的成果还不多，有待于进一步加强。

四、电生理指标

（一）肌电（Electromyography，EMG）

肌肉收缩是产生肢体运动的动力，而肌肉的收缩受神经系统控制。肌电信号能瞬时反映肌肉的活动状况，肌肉的收缩能产生较强的肌电变化，因此，采集肌电信号可以分析神经将刺激传递给肌肉，使肌肉收缩的即刻时间、持续时间以及肌肉激活的强度信息。早期的肌电信号采集方法需要用针刺将电极直接插入肌肉内部，这种方法虽然可以获得较强的肌电信号，但给被试带来一定的痛苦，并限制了大幅度的肢体运动。如今，受益于高效电子元器件的开发，更多采用的是皮肤表面肌电测试法（图 1–8）。表面肌电测试只需要将电极片粘贴在肌肉外部的皮肤上，肌电仪通过电信号放大器可以将深层的肌电信号放大，然后，转换成数字信号传输到电脑上分析。无线的便携式肌电系统还可以佩戴在被试身上，记录被试完成整套动作时的肌电变化（图 1–9）。

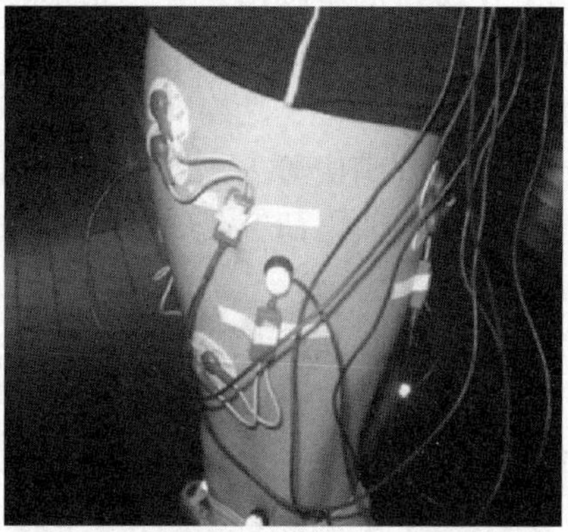

图 1–8　采用表面肌电采集肌肉活动信息

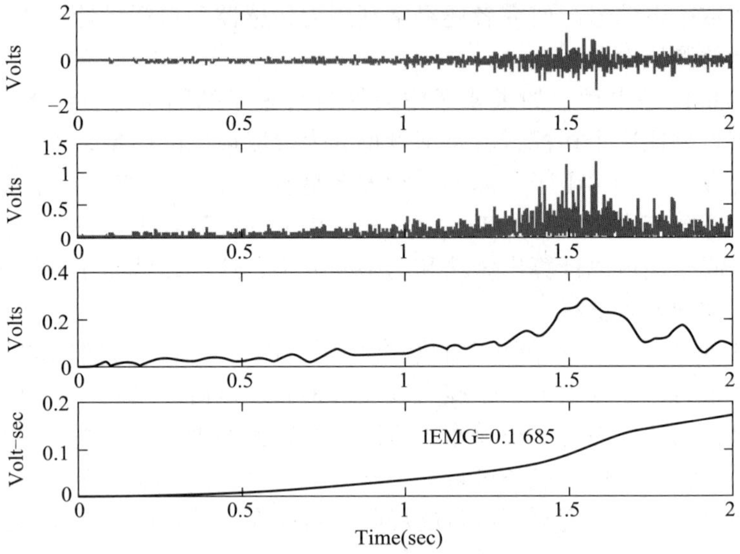

图 1-9 肌电信号分析

哪个部位的肌肉先动?

根据信息加工理论，信息传递的末端是效应器的激活，也就是运动动作的实施。但有时候外部行为特征尚未表现出来，内部的肌肉已经开始活动。因此，肌电信号也被用来进行反应时研究。

人体有许多肌肉，不同的肌肉具有不同的功能，多块肌肉协调运动产生高效的技能动作。不同水平运动员在做同样的动作时，肌肉活动的协调程度是不同的。因此，对多块肌肉的肌电活动同时监测，分析运动技能实施过程中不同肌肉活动间的拮抗与协调，是运动技能学研究的一个重要内容。

尽管肌电信号给研究者提供了一条揭示肌肉活动的重要途径，但肌电信号中蕴藏的各种信息并不是很容易就能分析清楚的。有不少研究者致力于对肌电信号所代表的现实意义进行研究，提出了一些有用的分析方法，比如积分、均方根、功率频谱分析等。尹少华等人（2006）采用量化递归分析（RQA），刘南庚等人（2008）采用的小波分析等，这类非线性动力学分析方法的应用给肌电研究带来了更多的活力。

（二）脑部活动测试

大多数运动技能学研究者的真正兴趣并不在人类运动技能的外在表现，而是借助对技能的外在表现的分析，推断内在的神经肌肉活动机制。这也是认知心理学家们称为“黑箱”的装置。因此，不管是对反应时的研究，还是对运动技能的运动学、动力学特征分析，最终要思考的还是人类大脑是如何工作的。这就是运动技能学不同于生物力学之处。

类似于肌电的测试，在脑部头皮表面粘贴电极片，可以测量到大脑皮质活动的电信号变化，这就是脑电测试（Electroencephalography，EEG）。EEG测试法相对比较容易，因此，早期对大脑的研究主要采用EEG测试法。心理生理学的研究发现，在不同唤醒状态下，脑部的EEG呈现不同的波形特征，比如，清醒状态下出现频率较高的β波，放松状态下出现频率较低的α波，以及睡眠状态下出现频率更低的θ波等（图1–10）。由于不同部位的电极片可以采集到大脑皮质不同区域的脑电活动，因此，研究者对运动技能实施过程中被试的脑电变化很感兴趣（Hatfieldet al.，2004）。有研究还针对高水平运动员进行脑电测试，比如Deeny等人（2003）对射击运动员的研究，Crews和Landers（1993）对高尔夫球选手的研究，章建成等人（2012）对乒乓球选手的研究等。事件相关电位（ERP）是在某种刺激情境下诱发EEG出现特殊波形，通过EEG波形叠加技术分析人类的信息加工过程，这在近二十年来受到较多的关注（周成林等，2012；王碧野等，2013）。

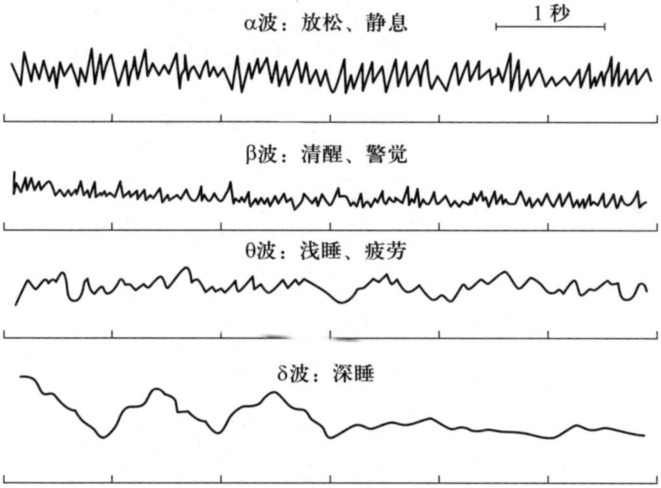

图1–10　几种主要的脑电波波形

EEG只能反映大脑皮质的活动情况，无法对大脑深层各个区域的神经活动特征进行分析。近年来，随着科技的进步，像正电子断层扫描（PET）和功能核磁共振（fMRI）技术，这些原本用于医院临床诊断的技术和设备用到了运动技能学领域，给运动技能学研究提供了许多新的思路和方法。采用这类设备进行研究的优点在于能够精确定位脑部不同位置的活动状况，因此，能较好地分析运动技能操作中脑神经的活动特征。Wu等人（2013）采用 fMRI 技术，研究了篮球运动员投篮时知觉预测过程中枢活动特征，发现运动员组在观察进球刺激图片时比观察不进球刺激图片时更能诱发较大的顶下回和下额叶激活。由于 fMRI 的使用需要较长时间，对于极短时间快速完成的动作，或者需要较多肢体参与的动作幅度较大的运动技能，这些设备在使用上还存在较明显的局限。

思考题

1. 什么是运动技能？简述运动技能与运动技术、运动能力、体能之间的区别与联系。

2. 高水平运动技能绩效的主要表现有哪些？

3. 举例说说开放式运动技能与闭锁式运动技能的特点。

4. 简述运动技能操作误差的种类和各自的含义。

第二章

运动认知与决策

本章导读

本章以认知心理学为视角，以人脑的信息加工理论模型为依托，结合体育运动实践，介绍了运动员对运动信息处理的基本过程（信息的输入、信息处理、反应的输出），以及人脑对信息处理的三个阶段（刺激识别、应答选择、应答编程）；具体阐述了运动员各个阶段信息处理速度的评价指标——反应时及其影响因素，以及运动员在运动情境中主要涉及的预测（知觉）、记忆和决策等认知加工活动特点及作用机制。同时，对近年来高水平运动员的认知优势特征的研究成果进行了梳理，以更好地指导今后的运动训练和竞赛实践。

学习目标

1. 了解运动员快速处理运动信息，并做出有效决策的行为反应背后的信息加工基本过程及其三个阶段的特点。

2. 掌握反应时及其可能的影响因素；理解预测的含义、种类及其在体育运动实践中的应用。

3. 了解运动员记忆活动和运动决策的类型，以及运动决策的影响因素。

4. 熟悉运动专家的运动认知优势特征及其可能的作用机制，尤其是运动专家在专门化知觉、预测、记忆和运动决策活动中的优势表现。

第一节 信息加工的基本过程

运动技能是以外显的肌肉运动为主要特征，通过后天练习获得的随意运动，受意识支配并服从于一定的目的、任务。基于信息加工理论的认知心理学把人脑看作与电脑相似的信息处理器，认为人与环境之间最基本的信息传递过程包含信息的输入、处理和输出三个环节。因此，运动员在完成运动技能的过程中，对运动信息的处理过程包括了外界运动信息输入、中枢神经系统处理、运动决策反应输出三个环节（图 2–1）。

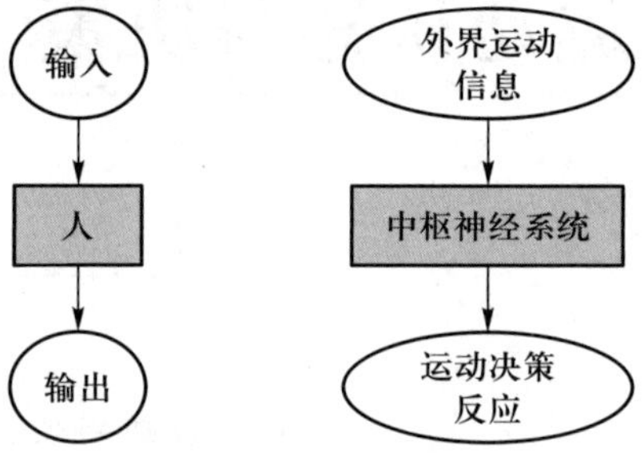

图 2–1 人脑的信息加工模型

一、运动信息的输入

在运动技能的实施过程中，运动者获取外界信息的方式主要有两种。一种是指由环境提供给运动者一个特定的刺激，如指导者的口令、发令枪声、对手的准备状态等。在这种情况下，运动员只需要感觉刺激的出现，然后做出反应即可。这一输入过程属于被动选择信息过程。另一种是指在大量外界信息刺激存在的情况下，运动者需要挑选出有用的信息进行加工处理，这一输入过程属于主动寻找信息过程。在多数体育运动情境下，运动员的信息输入是一个主动寻求信息的过程，而且输入的信息通常是动态变化的，如拳击比赛中对手的进攻、篮球比赛中同伴间的传球。随着运动经验和知识的丰富，运动员就会变得更加善于观察和使用信息。

二、中枢的信息处理

在中枢层面，运动员对外界运动信息进行处理并做出决策的过程，可以分为三个阶段：刺激识别、应答选择和应答编程。运动员在实施运动前，必须将所获取的运动信息通过这三个阶段才能获得最终有效的行动方案

（图 2–2）。

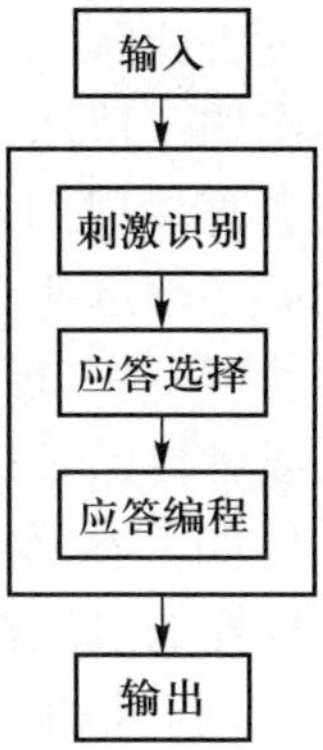

图 2–2 信息加工的阶段

（一）刺激识别阶段

在刺激识别阶段，中枢系统对感觉信息进行识别，判断是否需要对其进行应答。在这个阶段，来自外界环境的信息内容非常丰富，如通过视觉、听觉、触觉、运动感觉等传递的信息。另外，运动员还将各种信息因素结合在一起。

例如，在羽毛球比赛中，运动员在回击对手的高远球时（图 2–3），首先要通过眼睛（视觉感受器）观察对手的身体姿势、球拍的运行轨迹和相应肢体动作等获取相关运动信息，预判对手即将完成的动作；随着对手完整击球动作的完成，运动员还会继续观察球的飞行轨迹（来球方向和落点等），以最终确定其运动反应正确与否。

图 2–3 羽毛球运动员回击高远球

（二）应答选择阶段

一旦刺激确认阶段提供给运动员足够的有关外界环境性质的信息，应答选择阶段就正式启动。在这一阶段，运动员将在确认运动信息（如空中飞行的羽毛球、足球或对手的出拳、出剑）性质的基础上与储存于长时记忆系统中的运动程序和已有的运动知识、运动经验相比对，在许多可能的动作反应里选择某一动作（如接球、吊球、传球或躲闪）来有效应对对手的技术或战术。也就是说，运动员在刺激确认阶段获得了有关环境刺激的基本信息后，在反应选择阶段，信息加工的任务就是基于当时的环境、对手的技战术特点和自身的状态，从众多的可被选择的反应动作中选择一个有效的反应动作。

例如，在足球运动中，运动员面对队友的传球时，可能选择接球、把球放过去让队友接住等；面对对手的来球时，可能会选择传球给队友、抢夺球。比如，持球进攻方在面对防守方时，可能会选择带球过人或者传球给队友或者直接射门。如果看到防守方运动员在自己面前（刺激确认），进攻方运动员必须迅速做出停球过人的战术选择（反应选择）（图 2–4）；如果防守方运动员不在自己面前，进攻方运动员可根据自己和队友站位来选择传球给队友或者自己直接射门。

再如，在乒乓球比赛中，接发球运动员在等待发球方运动员发球时，可能选择的接发球方法是多种多样的。即便是接同一种发球，回接的方法也有所区别。目前，高水平乒乓球运动员接发球的抢攻能力都很强，对出台或半出台球，无论其旋转速度如何，都能以质量较高的弧圈球进行接发球抢攻。这就迫使发球方运动员多以短球来制约对方，而且短球的落点严格，球的第二跳要落在球台的边线或端线以内，同时还伴有假动作让接球方难以辨别球的旋转。因此，要求回接短球时，接球方运动员不仅要头脑冷静、判断准确，更要求其接球的手法合理，灵活运用快挑、摆短、劈长等方法。总之，接发球方运动员要根据来球的性质，并依据本人的技术水平、打法特点来选择回接方法。比如，发球方运动员反手位正面发短球（刺激确认）时（图 2–5），接发球方运动员将迅速做出搓球、托球或推球动作（应答选择）进行回应。

图 2–4　足球比赛中的停球过人

图 2–5　中国乒乓球运动员张继科反手位发球

（三）应答编程阶段

当应答选择阶段的信息加工完成，选择了要做的动作之后，应答编程阶段的信息加工活动就开始了。该阶段的主要任务是对运动系统进行组织以完成所选择的动作。在执行动作前，系统必须在脑干和脊髓等低级中枢为动作做好准备，从记忆库中提取，并组织好用来控制动作输出的运动程序，这个程序将指挥肌肉以正确的收缩次序、适当的关节屈曲角度和力量、准确的启动时机来收缩，以发动有效的动作。比如，羽毛球运动员在回击对手高远球时，如果选择后场正手击打高远球动作，那么在应答编程阶段，中枢神经系统首先组织编辑完成身体侧身后退至高远球可能的落点，同时手臂上举球拍动作的运动程序，即肱三头肌舒张的同时，肱二头肌和肩三角肌收缩，完成肘关节打开、上臂平举、小臂上举动作；然后组织编辑完成蹬地转体（腰部肌群）和启动引拍动作的运动程序，即肱三头肌、肩部三角肌继续收缩，完成肘关节打开、上臂后伸内收的引拍动作；随后在确认羽毛球下落至适当高度时，组织编辑完成肩部三角肌和上臂肱三头肌完成肘关节屈曲、肩关节内收上臂带动小臂半弧形的轨迹向下快速挥拍击球的运动程序，即前臂内旋发力，手腕内收以及击球后的随挥运动程序。

三、运动信息的输出

外界运动信息（运动线索）经过以上三个信息处理阶段作用的最终结果叫“输出”，如足球的踢球，冰球、网球、羽毛球、乒乓球运动员的挥拍击球，自行车、帆板运动员的方向调整动作控制，艺术体操、花样滑冰运动员按严格动作时机编排的比赛动作。以篮球运动为例，首先，运球运动员看到队友成功切入篮下（刺激识别）；然后，运球运动员决定将篮球快速传给这名队友（应答选择）；最后，运球运动员把篮球迅速投向队友方向（应答编程）（图 2–6）。

图 2–6 篮球比赛中队友之间的传球

另外，运动员产生的输出指令并不一定能达到理想的效果，足球运动员可能传球成功，也可能踢不到球；自行车运动员可能完成转向动作，也有可能摔倒；艺术体操运动员的韵律动作可能与伴奏合拍，也有可能脱节。输出效果是否能满足运动情境的要求，还与运动员的运动知识、比赛经验和自身身体条件等因素有关。需要明确指出的是，这三个阶段在实际运动技能控制过程中是一个整体，这里人为地将其划分成三个阶段，只是有利于研究者更好地分析运动控制中信息加工过程的特点。

第二节 运动决策

一、运动决策的定义

运动员在比赛中经常会面临一些选择，比如，篮球运动员在进攻到篮下时要选择直接投篮或者传球给同伴，乒乓球运动员正手拉冲击球时要选择变线或者不变线，排球运动员起跳击球时可以选择扣球或者吊球。有些选择非常关键，可能直接影响比赛的结果；有些选择可能各有利弊，没有绝对的对错之分。运动员在复杂的运动情境中基于已获得的信息，在短暂的时间内权衡利弊得失后做出行动计划的过程称为运动决策。相对来说，开放式运动技能比闭锁式运动技能在实施过程中需要更频繁的决策。运动员的运动决策水平将影响其技能绩效。

在多种可选择的应答方式中选择哪一种，选择的依据是什么，这是研究者感兴趣的问题。早期的研究认为，人类的决策是遵循期望收益最大化原则。比如，乒乓球运动员在发球时会选择采用自己最擅长的且对对手威胁最大的发球方法。假如可以用金钱来衡量，收益就等于可获得的金钱乘以成功的概率。但现实中，绝大多数人倾向于规避风险，比如在面对确定的 50 元收益与 50% 的概率可以得到 100 元收益时，大多数人选择前者，因为能够获得确定收益。也就是说，人们面临多种选择时，由于收益越大风险也越大，因此会倾向风险小的选项。在运动决策中，运动员更倾向于冒险还是更倾向于稳妥，与运动员的个性、情绪和已经取得的成绩（获益）有关。诺贝尔奖获得者卡尼曼提出前景理论，更严密地论证了人们面对风险和收益时的决策问题。因此，我们就容易理解乒乓球运动员在比分领先和落后时，在搏杀技术（冒险性强）的使用次数上会有变化。

所有的风险和收益都是基于运动员自己的理解与预期，因此，不同的运动员在同样的情境下所做的决策会有区别。竞技体育领域的运动决策是指运动员在复杂的竞技情境中，为获取胜利，预见运动结果并选择运动行为的认知过程。

二、运动决策的神经机制

随着先进脑科学检测设备的出现，如脑磁图（MEG）、功能核磁共振（fMRI）、近红外光谱分析（NIRS），神经生理学的脑功能定位和机制研究有了长足的发展。研究发现，大脑前额皮质在功能执行、计划制订、策略执行、学习记忆、思维和推理等高级认知加工中起至关重要的作用。因此，在运动决策中扮演最高司令部的角色。大脑皮质下多巴胺奖赏系统和规避行为的损失厌恶系统共同工作，使得人们能够追求快乐和远离痛苦。

事件相关电位（ERP）是神经科学探索决策机制的重要研究手段。目前已经发现，错误相关负波（ERN）是在完成快速或者冲动性错误决策后50~100毫秒以后出现的负性偏转成分，被认知科学研究者认为在认知控制和行为监测中起关键作用。运动员在紧张激烈的比赛中，在时间压力下做出错误决策后就会出现这一波形，有利于在接下来的任务执行中少出错。可见，ERN担任了运动技能的反馈控制作用。此外，研究者还对反馈相关负波（FRN）、错误正波（Pe）、P300等ERP研究中的各种特征脑电波形在各种决策中的现象进行了分析。

三、运动决策的种类

在体育运动情境中，运动员有两种决策过程：认知决策和直觉决策（王斌，2003）。认知决策以逻辑思维为主导，通过概率论或决策策略来进行决策活动。直觉决策则是在需要快速应答、时间压力大和结果不确定的复杂运动情境中，运动员作出的具有快速、直接或然性特点的决策。两种决策的不同之处如表2-1所示。

表2-1　认知决策与直觉决策的区别

	认知决策	直觉决策
任务特点	时间充足、非直接对抗	时间紧急、直接对抗
决策依据的线索	可利用的线索多	可依据的线索少
决策速度	速度慢	速度快
决策准确性	追求决策的准确性	对准确性的要求有所降低
意识参与度	有意识	接近无意识
决策的逻辑过程	基于严密的分析，各个步骤逻辑联系清楚	基于整体或综合，省略某些具体细节，决策过程有较大的跳跃

当运动情境中可利用的线索减少，决策速度要求加快时，个体的决策活动就以直觉决策为主，这样在决策难度加大的情况下，仍然可以保证相对较高的决策准确性。从认知决策到直觉决策的转变中，可能存在一个临界阈限，这个临界阈限分隔出两种不同的决策活动。一般水平的选手由于还没有发展出较好的直觉决策能力，因而在这种变化之下难以保证决策的准确性。

四、运动决策的评价

对运动决策的评价主要包括决策速度和决策有效性这两个方面。决策速度可以用决策过程信息加工时间的长短来表示。决策有效性是指决策是否符合当时的情境并解决问题，实现目标和期望的程度。因此，决策有效性不是一个只有对和错的二分变量，而是一个成功的概率性指标。尽管竞技体育最终可能是输和赢的结果，但运动员在比赛过程中往往会经历一系列的决策。

反应时是指从刺激出现到个体开始做出反应的时间间隔。在实验室，反应时是记录在特定刺激条件下正确反应所需要的时间，是反映决策速度和有效性的重要指标。反应时是中枢信息处理三个阶段（刺激识别、反应选择、反应编程）总时间的测量指标。任何因素延长一个或多个阶段，都会延长反应时。

运动员的反应时是指运动员察觉刺激、决定适宜反应和开始做出反应所需要的时间。反应时是动作表现的一个重要测量指标，评价运动员做出决定的速度和效率。它不仅反映了个体处理信息的延迟，还反映了个体做出决定和开始做出动作所需的时间。除了短跑和游泳等竞速项目外，反应时在一些开放式运动技能（如拳击、跆拳道、乒乓球和赛车）中也非常重要。

第三节 影响运动决策的因素

一、刺激－应答的数量

刺激－应答的数量（S－R 数量）是影响运动决策的重要因素之一。个体面对多种可能出现的刺激，当某种刺激出现后尽快做出决策，在多种备选的应答方法中选择正确的反应动作。一般情况下，最快的决策是发生在只有一种刺激和一种应答的情况下，也就是简单反应。随着刺激数量和需要选择的应答数量的增加，对其中的任何一种刺激作出反应需要的时间就会变长，这就是我们说的选择反应时。

S－R 数量越多，反应时就越长。反应时和 S－R 数量的这个关系被称为希克定律（Hick's law），它是理解运动技能绩效的一个重要定律。当 S－R 数量从 1 个增加到 2 个时，反应时明显增加，从大约 190 毫秒增加到 300 毫秒以上，增幅约 58%。随着 S－R 数量的增加，反应时继续增加，但增加幅度越来越小。由图 2-7 不难看出，在 S－R 数量为 7 个时，反应时的增加幅度趋于平缓，呈"平台"样改变。当 S－R 数量从 9 个增加到 10 个时，反应时只增加了 20 毫秒，增幅约 2% 或 3%。

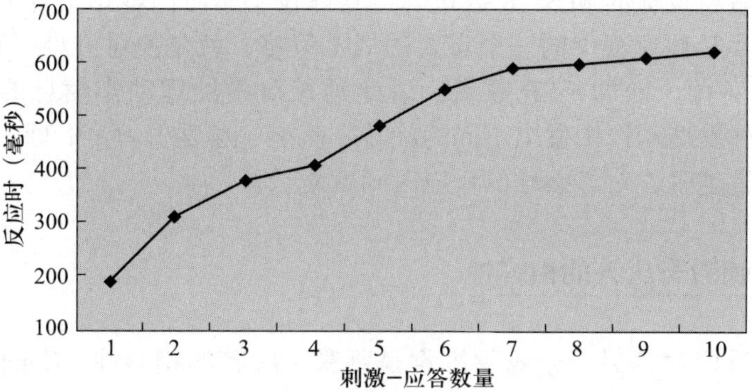

图 2-7　刺激－应答选择数量对反应时的影响

（引自 Woodworth，1938）

希克（1952）研究了选择反应时和 S－R 数量间的关系，发现 S－R 数量增加导致选择反应时增加，但两者并非成直线的关系，而是成一种对数函数的关系。公式 $RT = a + b \times \log 2N$，其中 RT 为反应时间，$N$ 为 S－R 数量，a 和 b 是常数。这就是希克定律。后续已有很多实验证明了希克定律的存在。比如，有研究中要求被试运用脚踝运动做出选择任务，发现在这种运动方式中选择反应量和反应时之间的关系也符合希克定律。

S－R 数量造成的反应时延迟，对于需要快速运动技能的运动项目极其重要。比如，拳击、跆拳道和摔跤运动员对对手快速进攻动作的防御。再如，棒球投手投球的全部时间只有约 400 毫秒，对方击球队员的挥棒动作大约需要 120 毫秒，如果击球队员再需要 100 毫秒察觉来球的速度和轨迹，就会严重限制成功击球的机会。

由于信息处理延迟有时会相当长，所以在许多快速动作竞技项目中，所采用的一个重要战略是让运动员增加对手需要处理的 S – R 数量，以此来延长对手动作信息处理延迟的时间。在垒球比赛中，投手增加各种投球方式的数量，也使对方击球手必须考虑的击球动作选择数量增加。同样，排球二传手如果能够把球传到很多适合扣杀的位置上，就能够有效增加对方组织封网的不确定性和难度，延迟他们对防御反应动作的选择。相反，如果接球选手总是面对来自同一个位置的扣杀球，那么，他们只需要选择相同的应答动作，就能够快速地处理对方的刺激（来球信息），甚至可以提前准备好反应动作进行应答。因此，这类隔网对抗性项目的运动员在对抗中，需要设法增加对手进行动作反应的选择数量，来增加对手信息处理的延迟时间，以更好地制约对手的进攻。

有学者将反应时和 S – R 数量与乒乓球技术学习内容相结合进行实验研究，发现乒乓球比赛中的一个重要的战术策略，就是使对方难以判断来球。通过球的变化，增加 S – R 数量，以此延长对手处理动作信息的时间。例如，在一种发球动作中发出不同的旋转、落点、速度、力量的球，变化发球类型的数量越多，对方接球的反应时间就越长。

二、刺激与应答的相容性

影响反应时的另一个重要因素是刺激 – 应答的相容性（Compatibility）。它通常被定义为，刺激和它所引起的反应以“自然”方式结合的程度。比如，来自左侧的灯光刺激由左手应答，右侧的灯光刺激由右手应答，这样 S – R 相容性较高。相反，则 S – R 相容性就较低。在体育教学中，老师面向学生进行动作示范，用与学生动作方向相反的身体动作进行示范，便于学生模仿，这是提高 S – R 相容性的例子。在 S – R 相容性的研究方面，有学者通过对足球守门员接球动作进行预判的研究时发现，守门员用右手臂挡住朝他身体右侧飞来的球，是 S – R 相容性高的例子。所以，在反应选择阶段，S – R 相容性越高，信息处理的速度越快，反应时就越短。

S – R 相容性对反应时的影响又称为西蒙效应（Simon Effects），无论是声音刺激还是视觉刺激，西蒙效应都会产生。在相同的 S – R 数量下，提高 S – R 相容性能降低选择反应时间。

实际上，这与反应选择阶段信息加工的相对难度降低有关。刺激与反应越有明显的自然关联性，就越能减少反应方式的不确定性，使反应时更短。因此，在考虑刺激数量对选择反应时的影响时，还要考虑 S – R 相容性。一般而言，相容性较高时，S－R 数量效应比在较低相容性时的数量效应要小，如图 2–8 所示。也就是说，希克定律在不同相容水平的刺激－反应中仍然有效，只是在相容性相对较低时，变化的坡度会更陡。

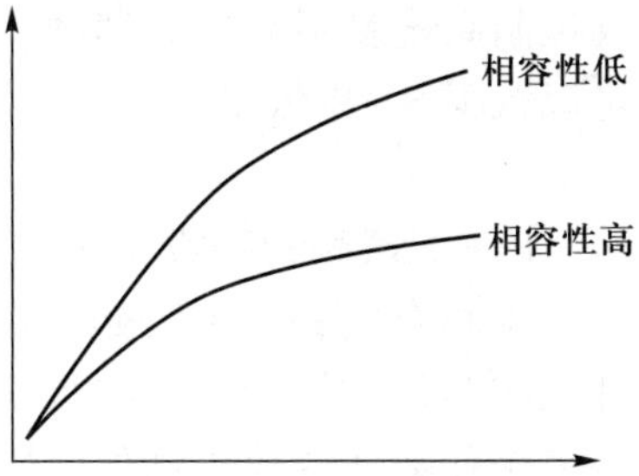

图 2–8 刺激－反应的相容性对反应时的影响

三、练习量

运动技能是通过练习获得的，反应时是运动技能熟练程度的重要指标，因此，练习量对反应时有较大影响。经过充分练习，高水平运动员能够克服许多不利因素，包括 S－R 相容性低所带来的对动作绩效的阻碍。比如，高水平帆船竞速运动员在发现需要左转船头时，几乎能够同时熟练地完成向右侧转动舵柄的操作，而不会因为 S－R 之间的相容性较低而影响操控。

在一定 S－R 数量的情况下，练习量越大，选择反应时越短。随着练习量的增加，S－R 数量增加所引起的反应时的增加程度也越小。在经过大量练习之后，高水平运动员几乎可以自动地处理信息和做出反应。他们不但反应很快，而且随着 S－R 数量的增加，他们的动作反应几乎没有减慢，或减慢很少。练习的效果在本质上就是与提高 S－R 相容性相一致的，两者都会减少选择反应时与 S－R 数量之间的函数关系斜率（图 2–9）。因此，练习的作用就是使 S－R 相容性更高。尽管在他人眼里，操作任务本身的 S－R 相容性并没有发生改变，但对练习者而言，任务要求的 S－R 变得更加相容了。因此，通过反复练习，运动员在完成运动任务时，随着 S－R 之间的对应关系的稳固（相容性提高），其表现要比一般人的反应更快。

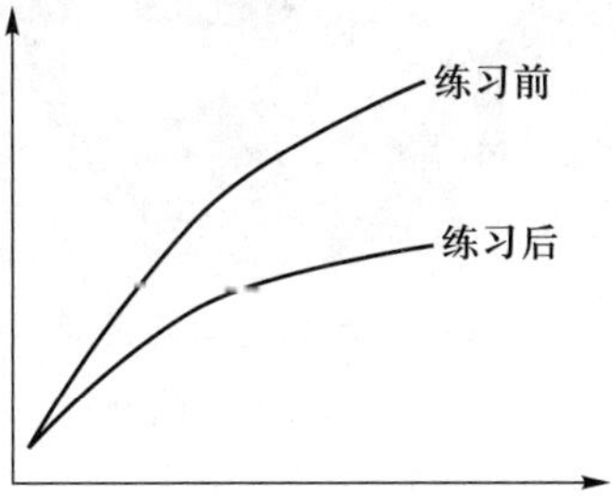

图 2–9 练习量对反应时的影响

四、预测

在开放式运动技能控制过程中，人们应对动作反应时间延迟的一个基本方法是预测，也叫预判。典型的情境是，优秀运动员根据环境变化预测将要发生的事件以及在什么时候会发生。而对于那些不大可能发生的事项，运

什么是预测

动控制系统就不需要对其做出反应。因此，从这个意义上来说，预测的作用可以减少 S－R 数量。

（一）预测的种类

预测有两种，一种是预测在外界环境中将要发生什么事件（动作），这种预测叫作“空间（或事件）预测”。比如跆拳道运动员在比赛中预测对手将采用什么样的攻击动作，以便可以提前组织应对动作（图 2–10）。如果所预测的情况出现，运动员就能够快速地做出适宜的反应动作。可见，空间预测有利于运动员提前对动作进行组织，一旦某种信号出现，运动员就可以在极短的时间内发动动作。

另一种是预测（动作）事件在什么时候发生，这种预测通常叫作“时间预测”。比如，在排球比赛中预测对手什么时候把球打过网（图 2–11）。尽管知道一些事件（动作）将要在什么时候发生能够带来提前启动动作等优势，但运动员预测将要发生什么性质的事件（动作）也许更加重要，以利于提前组织动作。

图 2–10 跆拳道运动员对对手攻击动作的预测

图 2–11 排球运动员对对手拦网动作的预测

（二）预测的好处

无论是空间预测，还是时间预测，都能够为运动技能的动作表现带来许多好处。当然，如果能够把二者的优势兼得，就更加理想了。可是，取得有效的预测并不是那么容易，它是以透彻了解环境条件变化规律为基础的。因此，运动员都尽可能地防止对手预测到他要做什么和什么时候做，对手之间的这种战略较量常常使竞技比赛更加吸引人。

动作的规律性是影响有效预测能力的一个重要因素。例如，一名网球运动员总是以一种形式击球，对手就能够预测出他的动作规律，并组织各种进攻（图 2–12）。如果他能够随机变换出更多的动作形式，对手的进攻能力就可以被有效遏制。

图 2–12　网球比赛的对攻

（三）预测的弊端

任何事物都存在利弊两个方面，预测也是如此。预测所带来的最大代价就是错误的预测会引起无效反应，有时甚至是破坏性的失误。在羽毛球比赛中，如果运动员预测对手将把球打到右侧，则会做好向右边场地移动的准备，但实际上，对手把球打到了左侧，此时，就必须立刻改变原先的姿势准备。在这种情况下，动作的延迟时间会很长。显然，预测正确时大有益处，而当预测错误时，反而增加了困难。

从信息加工角度来讲，预测时已经事先完成了利用多种先前或不完整运动信息进行的反应选择，等到完整运动信息（如来球的速度、方位和对手的动作）出现后，事先完成的这些认知加工活动就不需要进行了。但是，如果运动员事先选择进行的行为反应，与实际运动情境中事件要求的反应不同，那么，继续执行事先选择好的动作就会导致错误反应。就算运动员此时想要重新进行选择反应，那也要先抑制已经预先准备好的动作，再发动新的符合事件情境要求的反应活动。但这一抑制反应过程是需要消耗一定时间的，对于简单动作的研究发现，这一过程大约需要 40 毫秒，才能再对正确的动作进行组织和发动。而等到正确的动作发动起来，很有可能贻误最佳战机或对手已经获胜得分了。当然，如果错误动作已经开始，情况就更糟糕了。比如，足球守门员扑救球动作的方向正好与对手射门的动作方向相反，那就只能眼睁睁地看着球被射进自己的大门而失分（图 2–13）。

图 2–13 足球守门员的错误预测

（四）预测的策略

对于许多需要快速反应的运动项目而言，对预测利弊的利用常常是设计比赛战术的重要因素。运动员常用的预测策略有两种。

一种策略就是尽量阻止对手做出正确的预测。运动员可以通过动作的时间和空间特性的变化迷惑对手，使其做什么动作、什么时间做等都变得不可预测或随机，这样，对手就不容易进行有效的预测。多次预测失误之后，将会使对手意识到他为预测活动所付出的代价高于预测成功带来的好处，从而迫使对手改变策略，放弃预测。一旦对手不能进行预测，就只能等待你的动作发生后，再对信息进行刺激识别、反应选择乃至反应编程的认知加工处理。这对于需要快速反应的运动项目而言，对手采用的这种刺激 – 反应的方式显然对其非常不利。可见，取得这种效果的关键是个人动作的"随机化"，使对手对自己的动作无法预测，迫使对手做出的是动作反应而不是动作预测。

另一种策略是设圈套引诱对手做出错误预测，进而利用他的预测错误，引诱其做出错误反应，从而给自己创造更多的制胜机会。这就是对抗性项目经常说的"假动作"。如图 2–14，篮球运动员利用假动作晃倒对手。

图 2–14 篮球运动员利用假动作晃倒对手

第四节　运动记忆

一、记忆和运动记忆

记忆是在头脑中积累和保存个体经验的心理过程。从信息加工的角度来讲，就是人脑对外界输入的信息进行编码、存储和提取的过程。人感知过的事物、思考过的问题、体验过的情感，都会在头脑中留下不同程度的印象，其中一些印象成为经验能够保留相当长的时间，在一定条件下还能被回忆和再认，这就是记忆。

根据记忆的内容不同，记忆可以分为形象记忆、抽象记忆、运动记忆、情绪记忆和语词记忆等。在体育运动情境中，运动员的认知加工过程主要以运动记忆为主。运动记忆是以身体的运动状态或动作形象为内容的记忆，它是形象记忆的一种形式。过去的运动或操作动作所形成的动作表象是运动记忆的前提。动作表象来源于人对自己的运动动作的知觉以及对别人的动作或图画中的动作姿势的知觉，也可通过对已有的动作表象的加工改造而创造出新的动作形象。

二、记忆的分类

（一）瞬时记忆、短时记忆和长时记忆

心理学家根据信息保持时间的长短，将记忆分为瞬时记忆（STSS）、短时记忆（STM）和长时记忆（LTM），这是记忆的三个子系统，它们的特点如表 2–2 所示。

▶　表 2–2　三个记忆子系统的特点

特性	记忆系统		
	瞬时记忆	短时记忆	长时记忆
保存时间	小于 1 秒	1~60 秒	没有限制
编码方式	字面上的	比较抽象	非常抽象
容量	似乎没有限制	7 ± 2 个	没有限制

（引自 Schmidt & Lee，2011）

运动员对运动信息的记忆过程也是由这三个记忆子系统或者三个阶段组成的。外界运动信息首先进入瞬时记忆，其中那些引起个体注意的运动信息会进入短时记忆，在短时记忆中存储的信息经过复述，存储到长时记忆中，而保存在长时记忆中的信息在需要时又会被提取出来，进入短时记忆中（图 2–15）。

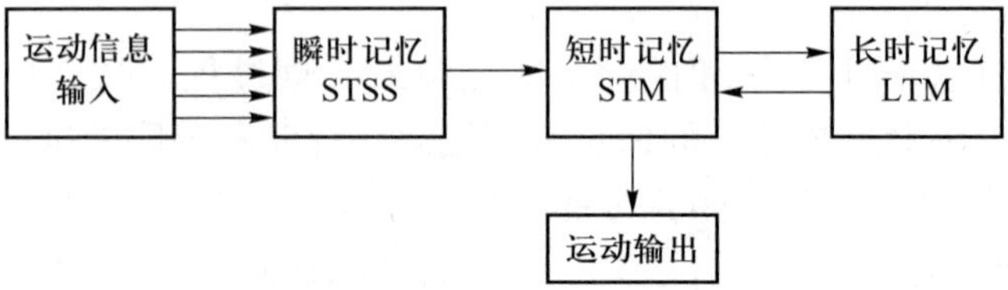

图 2–15 运动记忆的分类
（改编自 Schmidt 和 Lee，2011）

1. 瞬时记忆

当客体刺激停止作用后，感觉信息在一个极短的时间内被保存下来，这种记忆叫瞬时记忆或短时感觉储存（Short Term Sensory Storage，STSS）。它是记忆活动的开始阶段。瞬时记忆有不同的种类，专用于接收来自听觉、视觉、运动觉、触觉等感受器官的感觉信息，每个部分的容量都非常大。这个记忆系统对信息保存时间极短，通常只有几百毫秒，一般不超过 1 秒。然后，就被紧接着出现的下一个感觉信息所取代。一般认为，瞬时记忆储存发生在意识介入之前，为其他记忆系统提供原始材料，其内容是一种与感觉信息本身极为相似的东西。

2. 短时记忆

虽然有大量的信息通过短时感觉储存，但并不是所有信息都能够进入人的意识，人们会使用有选择的注意把信息引导进入“短时记忆”（Short Term Memory，STM）。短时记忆是感觉记忆和长时记忆的中间阶段，保存时间为 1~60 秒。短时记忆中的信息有些来自瞬时记忆，有些来自长时记忆。

研究结果表明，对于巨大数量的不同类型的信息输入，短时记忆的容量至多只能容纳 7 ± 2 个信息组块。可见，短时记忆是一个容量有限、保持时间也不长的记忆系统。这些信息在短时记忆中的呈现方式比在短时感觉储备中更加抽象，难以用语言描述。根据刺激的类型，信息被转换成几种抽象编码，如一个印刷的字词可能被编码成字词的声音。我们只有在注意它时才能在短时记忆中保持信息，如信息被不断地重复处理、使用、演练，或把它与其他任务联系起来。如果我们把注意转向其他事物，就忘记了短时记忆中信息的内容，信息将会在大约 30 秒内完全消失。比如，查找一位朋友的电话号码，可能在拨通电话几秒钟后就忘记了对方的号码。

相对来说，短时记忆中的信息比瞬时记忆中的信息要抽象一些。虽然在短时记忆中的信息保持时间短，但只要注意集中于它，如背诵或一遍又一遍地重复这些信息，这些信息就会转化成更加抽象的代码，并且被送入长时记忆系统。如果注意力转移到别处，短时记忆的内容很快就会被遗忘。

3. 长时记忆

保存时间较长的记忆称为长时记忆（Long Time Memory，LTM）。时长也许是一天、一个月，甚至几年。对于有些信息，我们可能一辈子都忘不了。有不少实验证明，长时记忆系统的容量是无限制的，因此，有大量信息可以得到长久保存。比如，即使我们多年不骑自行车也不会忘记如何骑自行车。但为什么有些信息会想不起来呢？也许并不是因为这些信息没有储存，而是因为不能顺利地从储存单元中提取这些信息。

在长时记忆中的信息是非常抽象的，对这些信息的编码通常反映了它与其他信息的关联。就像图书馆里的书，每本书都通过特定的编号进行分类和排序。因此，虽然书的数量很多，但也很容易检索。新书的增加也需要对其进行编号后放入特定的位置。同样，把短时记忆中的信息送到长时记忆是需要不断复述、理解的。我们说某人已经学会了某件事，这就意味着短时记忆中的那些信息已经被加工，并进入了长时记忆系统。在运动技能学习中，技能操作所需要的运动程序被存放到长时记忆系统中以备后用。对于许多运动技能来说，特别是连续性运动技能，如骑自行车、游泳，在几年，甚至几十年不练习后，仍能很好完成。非连续性运动技能，如投掷、体操，也比较容易遗忘。目前，还不清楚为什么非连续性和连续性运动技能在记忆特征上有这样的差别。记忆中的信息并不是简单地被储存在那里，而是时刻影响着我们当前的信息加工过程。有些影响是直接的，比如，我们看到某人向自己打招呼，但一时想不起来那人是谁，于是，想尽办法，在“记忆库”里检索那个人的名字。有些则是间接的影响，比如，我们骑着自行车在大街小巷穿梭，丝毫不需要回忆骑自行车的方法，以前学过的这些技能能够很好地表现在当前的活动中。

为什么运动技能比言语和认知技能保持的时间更长

为什么连续性运动技能比非连续性运动技能记忆得更好？主要原因可能是初学量的不同。一般来说，初学量增加，记忆成绩也会提高。在典型的连续性运动技能的操作中，假定有一持续 30 秒的练习，那么在 30 秒内可重复做规定的动作，而每个动作实际上都包括许多连续性反应。比如在转盘追踪实验中，笔尖与移动着的目标会脱离开，每脱离一次都需要被试调整一次。而在非连续性作业中，每次练习仅是一次调整一个动作，没有重复的机会。因此，尽管连续性作业与非连续性作业练习的次数一样，但前者比后者练习量要大，记忆成绩当然也更好。

（二）工作记忆和长时记忆

Baddeley（1986，1995）提出记忆有两个功能性的成分，即工作记忆和长时记忆。

1. 工作记忆

工作记忆（Working Memory，WM）是对信息的短暂保持，具有对信息的保持、刷新及转换等功能。大量的研究证明，工作记忆的信息加工和储存方式对于完成策划、学习、运算、推理和语言理解等许多复杂的认知活动起着非常重要的作用。工作记忆是传统的注意力、集中、短期记忆的结合，涉及短期保持和为记忆所需的信息操作。

前面提到的短时记忆就是一个暂时的工作空间，所以也有人把它叫作“工作记忆”。在这里指与动作相关的信息进入受控制的处理过程并得到处理。

工作记忆与运动表现联系紧密。在日常运动领域中，工作记忆与注意控制交互影响，使用工作记忆策略能加快视觉搜索速度。在竞技体育领域中工作记忆可以通过影响个体的决策质量进而影响竞技效果。

研究发现，工作记忆容量与空手道选手在比赛中基于对手所给的信息进行准确、快速的决策有关。低工作记忆容量的运动员与高工作记忆容量的运动员相比，做出正确决策的概率更低。可见，充足的工作记忆容量是在复杂运动决策场景中及时更新竞赛信息、做出正确回应的根本保证。由此说明，工作记忆容量是控制注意的关键性因素，对运动决策起到至关重要的作用。

Fukuda 等（2009）采用双耳分听实验范式，要求被试注意其中一只耳朵的声音，如果听到自己的名字就报告，但同时另一只耳朵在播放其他干扰信息。结果发现，66.7% 的高工作记忆容量者报告听到了自己的名字，但只有 34.5% 的低工作记忆容量者报告听到自己的名字，这说明高工作记忆容量者的目标导向能力更强，即抵抗分心刺激的能力更强。这一结果提示，工作记忆训练可以提高个体的工作记忆容量和注意控制能力，也可以增强对目标刺激的加工能力，以及对无关刺激的抑制能力，即工作记忆容量与目标导向系统具有直接联系。或许，工作记忆训练可以作为运动员心理训练的方法之一。

还有一个值得关注的问题是工作记忆训练的个体差异，即哪些个体更能从训练中获益？有研究者认为，相对于认知功能稳定（成年人）和衰退（老年人）的群体，处于认知功能发展阶段（儿童或青少年）的群体工作记忆容量的可塑性更强。这对运动员工作记忆训练具有重要的提示，或许对青少年运动员进行工作记忆训练是更为明智的选择。

2. 长时记忆

长时记忆（LTM）的含义和特点如前所述。屠温（1985）提出，在长时记忆中至少存在三个“体系”，即程序记忆、事件记忆与语义记忆。

（1）程序记忆。程序记忆是关于动作技巧的记忆，如驾驶汽车、弹钢琴、骑自行车、游泳、打网球等。它与长时记忆可能是最直接相关的，又被称为内隐记忆（Implicit Memory），它存在于人的潜意识当中，储存与运动技能有关的特定信息，是告诉人们“怎么做”的具体行为或运动。这些“行为”与“运动”是通过不断重复与练习而习得的，在人们需要执行某些习得的程序以对环境做出适当的反应时，程序记忆会被自动唤起，从而达到特定的行为目标。这一过程往往不需要意识的参与，也很难用语言表达出来。

程序记忆的一个重要特点是要想获得程序性知识，只能通过“明显的行为反应”，这对运动技能来说意味着要进行身体练习。比如在学习游泳时，通常要经过多次反复的练习，才能真正学会游泳。学会以后即使好长时间不游，这项技能也不会被遗忘，这种长时记忆就是程序记忆。

（2）语义记忆。语义记忆是指个体对客体事实的记忆，是组织起来的一般性知识，包括不依赖于个体所处的特定时间或地点，而相当稳定的知识结构，可以用一般性的定义来描述的记忆。这种一般性知识既有具体事实的知识，也有概念性的知识，是从人类的经验中逐渐形成的。

比如，对网球运动的一段描述：“现代网球运动诞生于19世纪的英国伯明翰。在20世纪，网球在世界各地得到广泛发展，并成为一项世界性的体育运动。最受关注的网球比赛是每年举办的网球四大满贯赛事（澳网、法网、温网、美网）”，就属于语义记忆。

（3）事件记忆。事件记忆是由与其发生的时间联系在一起的，在主观时间里，就本人而论，体验到的事件是由知识组成的。正是这种记忆体系，才使我们能够在“心理上‘按时’将飞扬的思绪‘收回’”。比如，有人问你“记得第一次打羽毛球吗”，你可能会从记忆事件中提取出这条信息，第一次打羽毛球是在几岁，和什么人一起打的，具体地点，等等。

事件记忆通常是从记起某次经历或事件的方面而言被表述的。对于运动技能的表现来说，事件记忆就是一个动作信息源，能够帮助你为即将完成的动作做好准备，或者提供正确的运动信息，帮助你确定现在的动作错误与否等。

语义记忆和事件记忆涉及的信息主要是陈述性知识。陈述性知识是指人在一个情境中知道“做什么”的知识，这种知识通常是可以用言语表达的，如陈述。这类知识与程序性知识截然不同，但陈述性知识提供的“做什么”和程序性知识提供的“怎么做”虽然是两个独立的长时记忆体系，但两者相辅相成，共同完成运动技能表现。

三、运动记忆的相关理论

对于运动专家的非凡动作记忆能力，Chase 和 Ericsson（1982）提出了“熟练记忆理论”。该理论认为，运动专家在识记技战术模式时，一方面将新信息与长时记忆中有意义的模式相关联，或者生成新的意义联系；另一方面将新信息与长时记忆中的检索结构相关联，或者形成新的检索结构，而提取这些模式时，他们只需关注这些检索线索，就可自动搜索已贮存在长时记忆中的信息。上述贮存信息以及提取信息的机制，本质上在于运动专家能有效利用长时记忆中的信息。

从这一角度出发，Ericsson 和 Kintsch（1995）提出了“长时工作记忆”理论，从一般意义上来解释各领域中调节专家记忆行为的内在认知机制。所谓长时工作记忆，就是一系列习得机制，该机制使得专家在自己熟知的领域活动中，可拓展对特定类型材料的工作记忆容量，但是，不能突破短时工作记忆容量的一般限制。也就是说，获得“长时工作记忆”，只能帮助运动专家在自己熟知领域内表现动作记忆优势，而不是表现在其他任何材料上。

比如，在时间序列遮蔽任务中，高水平网球运动员的预测准确性与反应速度较普通人群有显著优势，随着时间序列遮蔽点的推迟，准确性逐渐递增。网球运动专家具有专业情境记忆，在预判过程中，工作记忆表征被激活，以自上而下的方式进行信息加工，回忆检索的效率更高（王小春，周成林，2012）。

思考题

1. 信息加工的基本环节有哪些？
2. 影响决策的因素有哪些？
3. 运动记忆可以如何分类？

第三章

注意与唤醒

本章导读

注意是心理活动对一定对象的指向和集中。当人们关注某些信息时，这些信息就会被感知、辨别和进一步加工。但未被关注的信息是否完全不被感知呢？在运动技能实施过程中，注意对运动技能绩效有什么影响？人们应该关注什么更有利于运动技能的发挥？良好的注意品质是运动员掌握运动技能、发挥竞技水平的前提保证。本章从注意的定义、注意的理论观点出发，阐述注意与运动技能表现关系的相关研究以及理论。另外，唤醒水平也是影响运动技能绩效的一个重要因素。关于注意与唤醒，既是研究者感兴趣的课题，也是运动员和教练迫切希望了解的内容。本章将对运动技能控制中注意与唤醒对运动技能绩效的影响及其内在机制进行阐述。

学习目标

1. 在了解注意的概念和注意的基本理论的基础上，掌握注意与人类运动技能表现的关系。

2. 熟悉同时完成多种任务中的注意模型，熟悉注意与动作相关信息的视觉选择问题，明确唤醒对运动技能的影响。

3. 全面掌握运动技能学习与控制中个体注意和信息选择的影响，了解注意在运动技能学习与完成中的重要意义，掌握提升注意能力的方法以及心理不应期、唤醒在训练和比赛中的作用。

第一节 注意的基本理论

一、注意的概念

注意是指心理活动对一定对象的指向和集中（彭聃龄，2001）。在讨论人的运动动作时，注意是指与运动技能完成有关的涉及感知觉、认知和身体的一种活动（Magill，2006）。体育活动中，在某种环境下对特定信息的觉察就是一种需要注意参与的活动。比如，在网球或乒乓球运动中，运动员通过注意有关发球手和球的视觉信息来准备回击球；在英式足球或冰球运动中，选择恰当的传球方向；在篮球或足球运动中，为了突破对方防守而选择恰当的移动路线，运动员的这些运动技能的发挥，都离不开他们在行动前对有关视觉线索的注意。

运动技能学习与控制领域的研究者着重研究注意的作用机制，一方面要回答个体如何从众多的刺激信息中选择关键信息，在运动技能实施过程中应该注意什么，不应该注意什么；另一方面要回答如果同时实施两个以上的技能操作任务，对技能绩效会产生什么样的影响。前者是注意的选择性问题，而后者是注意的分配问题。两者都有各自的理论和实验基础（章建成，2018）。

二、注意的理论

（一）选择性注意理论

在运动技能的实施过程中，选择性注意具有重要作用。比如，在球类比赛中，运动员需要快速、准确地判断球的飞行路线和速度；拳击运动员试图找到对手的弱点，先发制人；跳高运动员或高尔夫运动员力图躲避观众的噪声，集中注意进行赛前准备。运动员为了保证运动技能能够顺利实施，必须对相关信息进行优先选择，对无关信息进行排除，这便是选择性注意的职能。

早期选择性注意的理论认为人同时做几件事情是很困难的。这种有限性的原因在于人的信息加工系统是按一定顺序依次执行各自的功能，有些功能一次只能处理一个信息。这表明在信息加工系统的某个阶段有一个瓶颈，在这里加工系统可以筛选出信息以便进一步加工。该理论的变量都是以出现瓶颈的某个加工阶段为基础的。选择性注意最有代表的理论有过滤器模型、衰减器模型、反应选择模型等。这三种模型的主要分歧在于注意信息在哪个阶段得到加工，进而形成早期选择和晚期选择观点的争论。过滤器理论和衰减理论属于早期选择观点，认为注意处于信息加工的知觉阶段，在识别前对信息进行选择。晚期选择理论者认为注意物体经历了充分的知觉加工和再认，但接下来被有效抑制。20 世纪 80 年代初，又出现一个重要的选择性注意模型——特征整合论，其核心是将客体知觉过程分成早期的前注意阶段和特征整合阶段。该理论认为，知觉在前注意阶段是自动平行加工，无需注意；在整合阶段，通过集中注意将诸特征整合为客体，其加工方式是系列的，即对特征和客体的加工是在知觉过程的不同阶段实现的。尽管这些模型对于注意选择的精确机制意见不一，但他们都假设在这些刺激达到过滤器前是以并行的方式被加工的，这时无需注意的参与。然而，一旦这些刺激到达了过滤器，每次只能有一个刺激通过过滤器并被加工，从这时起，信息加工就变成了串行的，要求把注意力集中于一个通道了（Hardy，L，et al；宋湘勤，殷恒婵等，2011）。这种理论可以帮助我们理解，执行罚球的篮球运动员必须关注篮圈并忽略诸如来自观众噪声的无关刺激。要想在这种情境下发挥出高水平，必须减少对无关刺激的注意乃至忽略这些无关刺激。

（二）注意的有限容量理论

不同模型的选择性注意理论都在解释个体在众多环境刺激条件下只能选择其中一部分信息进行反应。其积极的一面是保障个体对重要的信息进行针对性反应。但是，如果需要同时对多个信息做出反应，势必产生任务间的干扰，导致反应效果下降。俗话说，一心不能二用。当一名网球运动员准备发球时，他的注意力若被看台上一个婴儿的哭声吸引，可想而知，他的发球质量一定会受到影响。如此看来，人类的注意活动是有局限的。

Kahneman（1973）提出了另一个解释注意机制的理论——“有限容量理论”。认为注意的有限性是由于信息加工的资源有限，就好比你的收入能力限制了支出活动，于是我们总是限制自己的注意资源，去做可以尝试一次完成的所有活动。这类理论认为，只要同时进行的两项任务所需要的资源之和不超过人的心理资源总量，那么同时操作这两项任务是可能的。但是，如果超过了这个总量，我们就很难完成其中的一项或者多项任务了。此外，注意似乎是序列化的，注意首先集中在这里，接着到那里，我们很难将注意力同时集中于两件事情。有时注意是指向外部感觉事件（对手的动作），有时注意是集中到内部的心理活动（试图记起要做的动作），有时注意是集中到内部的感觉信息（来自肌肉和关节的感觉）。

这个观点对理解高水平的运动技能绩效有极大的启示作用。在许多技能操作中，有大量的信息要被加工，有些对操作有用，有些对操作无用（如婴儿的哭声）。操作者的问题是要应对这种潜在的过载。操作者必须要学会注意什么，什么时候去注意，而且，必须在环境中的各事件之间熟练地转移注意，控制和纠正自己的动作，计划下一个动作，并处理好其他事件对注意容量的有限竞争。

另一个注意有限性理论——多重资源理论认为，双重任务间的干扰大小可能受三个因素的影响，它们是加工阶段（早期加工和晚期加工），输入和输出的方式（视觉输入和听觉输入，动作输出和声音输出），加工编码（空间和时间）。每种资源储备都具体针对运动技能的某种要素。我们同时顺利完成两项或更多任务有赖于任务所需的注意是源于共有资源还是不同资源。如果必须同时完成两项任务并分享共有资源，那么操作成绩将比享用不同资源来完成任务的操作成绩差。例如，驾驶员一边驾驶汽车，一边与乘客聊天，在交通不拥挤的时候，驾驶汽车对以上三种资源的任何一种的需求都不高。但当交通严重堵车时，来自输入输出模式和信息加工阶段的两种资源需求迅速上升。这些资源与朋友聊天时所需要的资源相同。因此，为了保持安全开车，司机必须减少聊天活动的资源需求。

多重资源理论的一个优点在于这些理论强调对不同信息的需求类型，而并非强调一种非特异的资源容量。满足特定注意的多重资源观可用于指导我们的实践，帮助我们确定什么时候会因任务需求太多而不能同时完成。例如，假设一个任务需要用手进行反应，另一个任务需要口头报告。人同时完成这两种活动是容易的，因为它们不需要相同资源结构的注意。相反，人很难同时用手进行不同的反应，因为它们都要求相同结构的注意资源。

什么是双任务范式

第二节 注意与运动技能

一、注意的集中性

（一）运动技能控制中的注意集中性（Attentional Focus）

在运动技能的执行过程中，操作者的注意究竟应该集中在何处？在完成运动技能时，将注意集中在动作本身还是将注意集中于动作效果呢？某些运动项目如网球，在击球过程中个体至少需要完成两个任务 ，即控球任务与动作控制任务。那么，在网球击球过程中应如何调控注意指向以达到最优化的动作控制呢？

多年来，这类问题一直吸引着广大研究者的关注。早在一个多世纪以前，在詹姆士的经典著作中就已经提出了这一问题的答案：他列举伸手 / 瞄准动作的例子来说明他的观点，你用手去取一个目标，那么就要盯着目标所在的位置；如果你注意的是手的动作，那么你就可能会抓不到目标。在日常生活中，有许多注意集中性影响技能绩效的例子。比如，一位熟练的打字员，打字时通常不会注意自己手指的动作，动作执行过程很流畅，而当要求打字员将注意焦点落在手部动作时，打字速度反而会降低。

（二）指向技能的注意（Skill-focused Attention ）

这种类型的注意就是指将注意焦点指向动作行为的任意部分。比如，棒球运动中的挥棒击球动作。Gray（2004）使用棒球击球模拟装置，发现被试将注意焦点指向运动技能本身时，优秀棒球运动员成绩下降，而初学者的成绩有所提高。Beilock 和 Carr（2004）发现，与强调准确性相比，要求被试将注意指向动作的速度时，高水平高尔夫运动员击球的准确性有所提高，而新手的表现正好相反。可能是由于速度的限制，不允许被试有足够的时间将注意焦点指向技能。Jackson 等人（2006）以高水平的曲棍球和足球运动员为被试，比较在不同注意焦点条件下的运动技能绩效，发现在注意焦点指向动作技能条件下，运动成绩最差。

（三）指向环境的注意（Environmentally Focus Attention）

这种注意类型是指将注意焦点落在除技能本身以外的环境部分。通常，研究者通过比较注意指向内部和注意指向外部，来验证注意和技能绩效之间的关系。注意指向内部，即在运动技能的执行过程中，将注意焦点落在自身动作上，如注意手的动作；而注意指向外部，是将注意焦点落在外部环境中的某个对象上，这里主要是指动作的效果。

Wulf（1998）等人使用滑雪模拟器研究时发现，被试将注意指向所站立的踏板比要求他们将注意指向自己的脚部能够得到更好的发力效果。也就是说，指向外部的注意比指向内部的注意，可以获得更好的运动技能绩效，进步更快。另一项研究也发现，与要求被试将注意指向远距离的动作效果相比，当要求被试将注意焦点落在靠近自身的平衡板上的标记，或是将注意指向自身运动时，运动技能绩效下降。最近还有一些对学习高尔夫、网球、排球、足球等运动技能的研究也发现，将注意指向外部更利于学习，说明以动作效果为注意焦点（远离个体自身的外部注意）时，可以获得更好的技能绩效。

德国学者普润滋提出的“行为效果假说”认为，按照人们预想的效果去完成动作会使得动作更加具有计划性和可控性（Magill，2006）。这意味着把注意集中于完成某种动作所期望达到的结果，比集中于动作本身能更有效地学习和掌握技能。比如，在射击比赛中，枪手的注意力会集中在射击的目标上，而不是扣动扳机的手指上；在歌剧表演时，歌唱家的注意力会集中在歌曲的旋律上，而不是怎样才能达到自己以前曾经多次达到的高音上。反之，当注意焦点指向运动技能时，则会影响运动技能的顺利执行。比如，美国芝加哥大学人类行为实验室曾做过这样一项实验，让技术娴熟的足球运动员一方面运球通过一系列障碍物，一方面注意与球一直接触的脚。这个做法意在让这些技术娴熟的运动员注意他们通常不会注意的动作细节。结果发现，与没有任何指示的运球相比，让运动员注意自己的脚会减慢运球速度，也更易犯错。也就是说，如果你去关注所做事情的某些特定步骤，而在通常情况下，你根本不会注意到这些步骤，那么关注反而会不利（Beilock，2011）。

行为效果假说认为，按照预想的效果去完成动作会使动作更具有计划性和可控性。这不仅意味着，把注意力集中于完成某种技能动作所期望达到的结果，比集中于动作本身能更有效地学习与掌握技能，而且也暗示着，个体对动作的控制与调整是以预期的行为效果为依据的。据此，《心战攻防》的作者蒂姆·盖尔卫教练，在谈到网球比赛中集中注意力的过程中，鼓励球员在球落地的一刹那说“弹”，在球触到球拍的那一刻说“打”，这样做可以避免注意自身动作本身（Beilock，2011）。

二、注意与自动化

在经过充分练习后，似乎存在另一种不同的信息加工，与控制加工有根本的不同，往往不需要很多的注意，这种处理信息的方法属于自动加工。如果能够自动化，许多重要的信息加工活动既可以快速进行，又能与其他活动并行加工，而且不降低技能绩效。比如，熟练的打字员可以一边轻松地打字，一边与人聊天。自动加工的作用不仅体现在日常任务中，也体现在高水平运动技能中。有学者提出，要想在任何运动项目中达到登峰造极的水平，常规动作都必须达到自动化水平。Van Soest（2010）的实验显示，高水平乒乓球运动员在接发球动作起动后，无需视觉参与，接发球动作达到一种自动化水平。一些世界顶级体操运动员经常会说，他仅将注意力集中到连贯动作中的第一个动作，剩下的动作都是“自动化的”。在动作开始后，这些环节很少需要纠正，使得运动员能把注意力集中到动作的节奏和形式等高度次序化方面。

自动化是理解注意与运动技能操作的重要概念。自动化一般是指人们在不需要注意的情况下，就能完成某种技能或者从事某项信息加工活动。自动化的特点是：① 快速的。② 没有注意需求，这种加工不会与其他任务发生干扰。③ 并行的，可以与其他任务一起进行。④ 不知不觉的。（章建成，2018）

个体如何发展对信息的自动化加工能力呢？研究者认为，自动化的信息加工是充分练习的结果。洛根进行了一些重要的研究，并对自动化和运动技能的概念进行了思考。他把自动化看成是一种可习得的技能，是一个包括不同自动化水平的连续体。这意味着信息加工活动对注意的需求，不是全或无。洛根认为，自动化与技能一样，需要通过练习获得。因此，如果评定活动仍有注意需求，那么这种技能或者信息加工活动就只是达到部分自动化的程度。

因此，一般不要指望能看到快速发展的自动化。要达到自动化，在相对固定的环境下进行练习是非常有效的。此时，应答产生于特定的固定刺激模式的练习中。比如，对红灯的应答通常是刹车。但如果在变化条件下，情形就不同了，此时，给定的刺激有时须引起这种应答，有时须引起另一种应答。比如，不同品牌的电视遥控器的按钮排列有惊人的差异，对于一定的功能，在某一个牌子中要求按这个按钮，在其他牌子中可能按的是另一个按钮。在这种情况下，就很难达到应答自动化，需要长期练习来掌握。

那么，是否在自动化的整个过程中就不需要注意了呢？对于这个问题最可能的回答是，人在完成技能时，把整个动作系统分解成各个自动化的工作组块。完成由自动化“工作组块”集合的操作几乎不需要注意资源，但每个组块的启动会出现注意的需求。

对自动化的一个理论解释是：通过练习，操作者建立起一系列小的、专门化的“工作组块”来控制特定的信息加工任务。给予特定的刺激，工作组块就会产生相应的输出。比如，通过大量的练习，高水平排球运动员自动化地观察对手的动作模式，领会到对手将要把球扣杀到己方场地的左侧，工作组块对这些信息（对手的动作）进行加工以产生特定的输出（到左侧去接球的内部决策），然后，在应答编程阶段去实现所决定的动作。

自动化的加工过程不需要意识的参与，加工能力不受限制，但一旦习得就很难进行修正。由于自动化加工是以一种平行的方式进行，比意识控制下的信息加工速度更快，因此灵活性相对较差。一旦任务的性质发生了改变并需要更改反应方式时，这种加工能力就失去了价值。比如，前面所述的例子中，对方的排球运动员以某种固定的动作模式将球打到左侧。但是，如果对手以同样的动作模式却意外地将球打到右侧，而防守队员自动化地对这个动作模式进行加工，并按预测进行快速的决策和动作，那么这个应答就会发生错误。根据认知心理学的观点，在学习的初期阶段，运动员从意识控制角度而言对注意的需求较高；而到了后期阶段，运动技能水平已经很高，在完成任务时对注意的需求相对较小，这就使得注意加工能力有了些剩余，但是也带来了一些危险。多余的加工能力可能会被用于无关信息，如观众发出的噪声，会使得运动员受到干扰。或者，运动员可能会把太多的意识控制下的注意投入任务操作的细节上，就会给自动化行为带来干扰。因此说，优秀运动员在比赛时根本不对自己的行为进行监控也根本不对反馈做出回应的说法是不切实际的。

三、心理不应期

在运动场上经常会出现这样的情境，如在排球比赛中，经常会采用时间差战术，两个攻方队员诱惑对方，当二传手传出一个半高球后，快球手先原地做快扣动作，待对方跳起拦网时，另一个快球手再跳起到第二点真正扣球；在篮球比赛中，进攻队员会先做一个逼真的投篮假动作，待防守队员对此做出反应后，进攻队员再做出真正的投篮动作。在这些情境中尽管防守队员全神贯注，但一旦对第一个刺激开始了反应，再想迅速抑制第一反应并对第二个刺激进行反应是不可能的了。这些战术就是利用了对方的心理不应期求胜的。

对非常接近的两个刺激的第二个刺激的应答延迟现象被称为心理不应期（Psychological Refractory Period，PRP）。这是技能操作中的一个重要现象。首先呈现一个刺激，要求个体对其做出应答，在这期间，又呈现第二个刺激，个体对第二个刺激的应答往往会有明显延迟。其原因是在信息加工的应答编程阶段存在一个瓶颈，它在一个时间只能组织和发动一个动作，不能同时组织两个动作。如图 3-1 所示，如果两个刺激的间隔时间较短，则第二反应的时间就长。反之，在两个刺激的间隔时间较长时，第二反应的时间就较短。有趣的是，当两个间隔刺激（ISI）非常短时，少于 40 毫秒，也就是两个刺激非常接近。那么信息加工系统对第二个刺激的应答就有很大的不同。系统会把这两个刺激看作一个刺激，因此，两个应答能够同时进行。这一现象被称为“组块”，因为在信息加工的早期阶段，个体已经把两个刺激当作一个刺激，而且，把它们组织成单个的、较为复杂的、需要两部分肢体同时应答的动作。

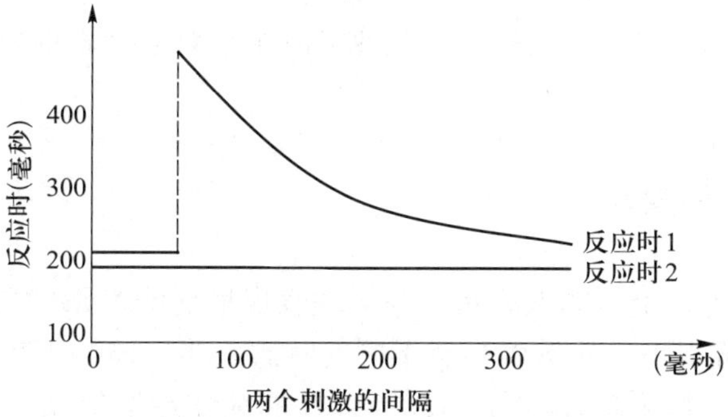

图 3-1　刺激间隔与反应时的关系

（改编自 Schmidt 和 Wrisberg，2008）

心理不应期的存在告诉我们在运动场上应该如何更好地去做假动作。第一，假动作应该是清晰的、逼真的，而且能被对手清晰地发现，因此，对手会把它当作一个真动作。第二，同时包含假动作和真动作的组合动作应该被很好地组合，并且把假动作（第一个刺激）和真动作（第二个刺激）适当分开以产生最大的心理不应期。第三，这个刺激的间隔时间应该在 60~100 毫秒。如果这个间隔时间太短，对手就会忽略假动作而只对真动作进行应答。如果间隔太长，对手也会对真动作有足够的准备时间，并以正常的反应速度来应答（章建成，2018）。

第三节　应激与唤醒

应激与唤醒联系紧密。应激是指有机体在遇到干扰自己平衡状态或超越自己应对能力的刺激事件时，表现出来的特定性的或非特定性的反应过程（L.Phillip；石林等译，2000）。应激是影响运动技能绩效的重要原因之一。在许多竞技运动比赛中，赛前焦虑是运动员常见的应激来源。唤醒是指有机体总的生理性激活（或者兴奋）的不同状态或不同程度。应激是一个十分复杂的心理和生理过程，引起的生理反应会使个体的唤醒水平提高。唤醒对维持与改变大脑皮质的兴奋性，保持觉醒状态具有重要作用，并为保持和集中注意力提供能量。唤醒是机体生理和心理活跃程度的表现，最低的水平是接近于睡眠的状态，高水平是接近于受到惊吓时激烈的、极端机警的状态。唤醒水平的升高会逐渐限制来自外部环境的信息范围，注意能力会随着唤醒水平的增高而下降。以下主要探讨应激或唤醒水平对运动表现影响的理论和相关研究。

一、倒 U 形假说

运动员的激活水平与绩效

该理论认为，个体的唤醒水平与运动表现呈现倒 U 形的关系，如图 3–2 中，x 轴是唤醒水平，从低到高有不同的状态。当个体处于较低的唤醒水平时，绩效较低；随着唤醒水平的提高，技能绩效逐渐提高。当处于中等唤醒水平时，技能绩效处于顶峰状态；随着唤醒水平再提高，技能绩效逐渐下降。

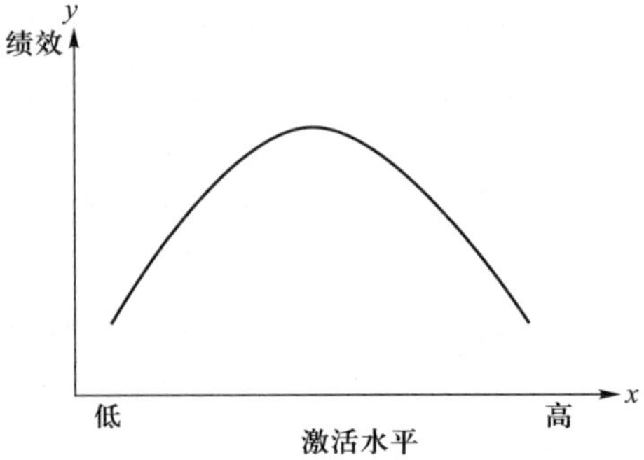

图 3–2 唤醒水平与技能绩效的倒 U 关系

在体育运动中，不同的运动项目需要不同的唤醒水平才能发挥出最好的成绩。某些运动项目如射箭、高尔夫球，精细动作要求很高，需要非常好的肌肉控制或重要的决策，那么，最佳唤醒水平移到倒“U”曲线的左侧。高唤醒水平或甚至是中等唤醒水平也会干扰肌肉的控制和决策制定。而某些需要大肌肉活动起主要作用的技能如举重，可从高唤醒水平中获益。

对于教练而言，非常重要的是要根据动作控制和认知决策程度来评价所要完成的技能，然后，对每一种技能建立最佳唤醒水平。通过调节唤醒水平以适应任务的需要，使运动员为获取更高水平的成绩做好准备。通常，如果运动员的唤醒水平太高，建议使用某种应激管理程序来降低其赛前的兴奋水平。

倒 U 形假说同时还关注技能水平与最佳唤醒水平之间的关系。对于同一项目中不同技能水平的运动员而言，最佳唤醒水平也不同。对于初级运动员来说，最佳的适宜范围比同样情况下高级运动员要低一些。对于他们来说，即使是中等唤醒水平也会造成不利影响。比如，在射箭比赛中，新手运动员高唤醒水平会导致该运动员分心而造成不利成绩，但对于一个高水平运动员来说，同样的唤醒水平可能会引导其集中注意力。

二、高唤醒状态下的信息加工

Easterbrook 的线索利用假设认为，当一个人唤醒水平升高时，他的知觉注意的广度将变得狭窄。因而当唤醒水平由低变高时伴随着知觉选择性的提高，就致使与任务无关的线索被排除，成绩得到了提高。但随着唤醒水平进一步升高并突破最近水平，注意的广度继续变窄就变成了“隧道效应”，这将致使有关线索也会被排除，因而会导致成绩下降。该理论对于分析前述的要进行罚球的篮球运动员所处的情境而言似乎并没有太大的帮助。在这种情境下，只有相对极少的相关线索需要受到注意。但事实上，罚球时篮球运动员往往通过降低唤醒水平的策略来使自己变得更加镇静。这似乎表明了，伴随着唤醒水平升高注意会自动变狭窄的假设并非事实。据此，Eysenc 认为，当信息加工的要求大大超过了可获得的加工能力时，个体会做出战略性决策把注意集中到一小部分可获得的信息上以应对当前情境，换句话说，所有的窄化是一种积极主动的应对反应。Wine 进一步指出了唤醒水平并非减少注意范围，而是影响了注意的集中性。

思考题

1. 注意有哪些品质?
2. 注意和自动化有什么关系?
3. 结合项目，说一说什么是倒 U 形假说?

第四章

运动技能的闭合环路控制

本章导读

为了完成动作的预定目标，有些运动技能在执行过程中需要不断根据自身和环境的信息进行调整，这一动态调节的过程可以通过闭合环路控制模型加以认识和理解。本章从运动技能控制的闭合环路控制的模型入手，介绍运动技能控制原理中的经典模型，重点讲述比较器、执行器与效应器的功能。在此基础上，讨论该模型所涉及的视觉、本体感觉、反射等概念。通过紧密结合运动与生活中的实例的方式，讲解所涉及的概念。

学习目标

1. 掌握运动技能控制的闭合环路控制的基本结构，可以运用闭合环路控制原理解释一些常见的运动控制案例。

2. 熟悉运动技能控制原理，了解闭合环路控制在运动实践中的重要意义。

3. 激发学生学习运动技能控制原理的兴趣，推进学生在实践中应用有关知识。

第一节　闭合环路控制原理

一、闭合环路控制的模型

在执行运动技能的时候，需要对其进行控制。其中最为常见的情景是：首先设定一个动作的目标，然后大脑发出指令执行动作，眼睛等感受器捕获外界信息，随后根据外界情况调整动作，直至目标完成。以上就是通过闭合环路对动作进行控制的典型情境。与闭合环路控制相对的概念是开放环路控制，其具体概念将在下一章介绍。图 4–1 中的两幅图是典型的闭合环路控制与开放环路控制的例子。请思考，图 4–1 中击球动作与保持平衡，哪个是开放环路控制，哪个是闭合环路控制？

图 4–1　闭合环路控制与开放环路控制图示

基于上述情境，我们可以较为容易地推断出闭合环路控制至少应该包括哪些组成部分了。它应该包括：可以制定动作预期目标的部分；可以产生动作指令的部分；可以执行动作的部分；可以捕捉内部 / 外界状态信息的部分；可以将当前状态与预期状态进行比较的部分。按照顺序，以上几个部分可以被分别称为目标输入、执行器、效应器、感受器、比较器。这些部分一起构成了闭合环路的主要结构，如图 4–2 所示。

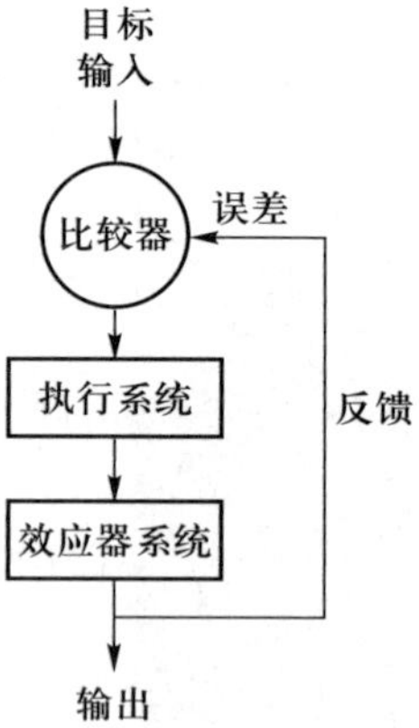

图 4–2　闭合环路控制的原理示意图

（改编自 Schmidt 和 Wrisberg，2008）

根据上述模型，所有闭合环路控制的过程都开始于一个预先设定的目标，根据运动项目、情境的不同，该目标也不相同。比如，在平衡木上保持平衡，那么目标就是保持身体平衡；在篮球对抗中，想要突破防守队员，那么目标就是突破防守。在完成预先设定目标的过程中，自身的运动状态很有可能偏离目标，比较器可以有效地帮助我们发现这种偏离。当发现偏离后，机体可以对动作进行调整，从而尽量使得预定目标可以完成。但是这些调整并不总是可以成功的。例如，我们虽然可能在平衡木上很认真地想保持平衡，尽力进行调整，但可能还是会掉落下来。

二、闭合环路控制的信息输入

基于闭合环路控制的模型，信息的输入是闭合环路控制顺利完成的不可或缺的保障。损害了信息的输入，个体将会在闭合环路控制的两个方面出现问题：第一，很难去设置动作的预期目标，因为通常情况下，一个闭合环路控制动作都伴随着可以被感知的预期目标；第二，很难去对动作进行调整，因为比较器无法获取足够的信息，也就无法向执行器提供充分的信息。因此，破坏运动员的信息输入，可以对闭合环路控制动作产生严重破坏。试想当你正在努力维持平衡时，突然有闪光灯直接直射你的眼睛，将会产生什么影响？如图 4–3。

图 4–3　当你维持平衡时，突然有闪光灯直射眼睛，你的动作会受到什么影响

通常情况下，我们基于心理学的研究，认为运动控制中的信息输入过程就是感觉的过程。感觉可以分为外部感觉、内部感觉和本体感觉。

外部感觉包括视觉、听觉、触觉等。即使在没有接触过相关知识的情况下，以上感觉在运动或生活中的重要性也是显而易见的。而内部感觉和本体感觉的重要性则较少被我们意识到。内部感觉由机体内进行的各种过程刺激相应的内脏器官及组织内的神经末梢产生。也许上述概念较难理解，但实际上运动过程中我们对于运动量、运动强度的感知，极大程度上都是通过内脏感受刺激的强度大小来反映的，这就是典型的内部感觉。本体感觉有时也被称为运动感觉，它包括运动觉、平衡觉等。本体感觉主要感知来自身体内部的信息，如肢体的位置、肌肉的力量、关节的角度、姿势的控制等。请看图 4–4，图中所示的 VR 技术带给我们的是外部感觉、内部感觉还是本体感觉？

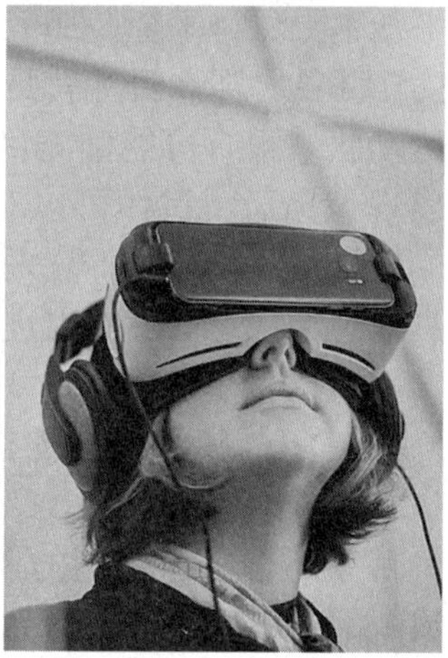

图 4–4 VR 技术带给我们的是外部感觉、内部感觉还是本体感觉

三、闭合环路控制的特点

闭合环路控制是人体控制连续性的、长时间的动作的有效手段。试想一下，如果要求你长时间单腿站立，是睁开眼睛还是闭上眼睛更容易完成（图 4–5）？显而易见，睁开眼睛更加容易完成。这是因为睁开眼睛可以提供充分的视觉信息输入，这些信息可以被比较器所使用，帮助保持平衡。而一旦闭上眼睛，视觉信息的输入就没有了，仅能从本体感觉获取信息进行调整，而单单这些信息是不够维持平衡的。

闭合环路控制的模型也存在一定的不足和缺陷。首先，闭合环路控制在快速追踪任务中是无效的，比如，足球守门员扑救动作是典型的闭合环路控制，根据射门动作、足球飞行轨迹和速度等进行判断调整，从而做出正确的扑救反应。但是在实际比赛中，足球的飞行状态可能受到多种因素影响，导致其发生变化，守门员无法对这种变化做出有效调整，从而无法完成有效扑球（图 4–6）。这说明闭合环路控制无法保证调整的有效性，尤其是在快速追踪任务中。其次，闭合环路模型无法解释人类的快速技能动作。例如，棒球手的击球动作开始后，不管棒球飞行的路线、旋转、速度等信息是否发

图 4–5 试一试，闭上眼睛和睁开眼睛完成上图的动作，哪个更难

图 4–6 为什么守门员很难扑到改变路线的球

生了被觉察到的变化，击球动作都无法进行任何调整，并且击球手也根本不会去调整。这显然不符合闭合环路模型中的比较器进行反馈调整的概念。因此，闭合环路控制无法解释人类的快速动作。

四、闭环控制的实例

在上文中，已经多次谈到一些较为典型的闭合环路控制的实例。实际上，不仅仅是在如体操、篮球等项目中大量存在闭合环路控制的实例，在一些看起来和闭合环路控制关系不大的运动项目中，依然存在闭合环路控制。比如，游泳是一项看起来不太需要进行反馈调节的项目，但是实际比赛中运动员对动作节奏的调整是典型的闭合环路控制的例子。在比赛中，游泳运动员会根据自己的技术特点和体力状况，制订整个比赛中的节奏计划，运动员保持所预定的节奏可以视为一个预期的目标。但实际比赛开始后，运动员的节奏可能受到对手表现、自身状态、实时名次等多种因素影响，使得预定的节奏和实际的情况出现误差，当误差被运动员感知到后，需要及时进行调整，缩小误差，从而争取更好的成绩（图 4–7）。

图 4–7 游泳项目中的闭合环路控制

第二节 视觉的作用

一、中央视觉与外周视觉

视觉是人类最为依赖的感觉之一。在运动控制当中，它提供了重要的信息输入。我们通过视觉获取运动相关环境的空间特征、物体形状、运动速度等重要信息。我们通常将视觉视为一个系统，但实际上它由两个功能截然不同的独立系统构成：中央视觉系统和外周视觉系统。前者负责辨认形状、颜色的信息，后者负责感受与物体移动有关的信息（表 4–1）。这两个系统在运动技能控制中的作用也是截然不同的。

▶ 表 4–1 中央视觉系统与外周视觉系统的功能差异

特点	中央视觉	外周视觉
视野定位	中央	中央和外周
觉察	有意识	无意识
低照明效应	损害	无
一般解决的问题	这是什么?	它在哪里?

在我们的视野当中，只有中央很小一部分是很清楚的，这很小的一部分视野范围就是中央视觉的范围，它接近拇指指甲大小（图 4–8）。在这个范围内，你可以对物体进行辨认，并且可以清楚地分辨物体的形状、颜色等细节。由于该区域的面积很小，所以人们经常需要移动眼球才能看清楚一个较大的物体的全部细节。当光线照明不佳的时候，中央视觉系统的功能会受到很大的影响。

图 4–8 为什么我们意识不到自己只能清楚地看到一个很小的区域呢

外周视觉不关注物体的形状、颜色等细节，它更关注物体运动相关的信息。外周视觉的视野范围远远大于中央视觉，它几乎包括了人的整个视野范围。即使照明条件不佳，外周视觉的功能也较少受到影响。

请看图 4–9，想一想，我们是使用外周视觉还是中央视觉来捕捉有关冰球的运动信息及对手的运动信息呢?

图 4–9 使用哪个视觉系统来捕捉有关冰球的运动信息及对手的运动信息

二、视觉与运动技能控制

在运动控制中，信息输入的重要意义已经在前面章节有了较多的介绍。视觉作为人类最重要的信息源之一，在运动技能控制中显然也具有重要意义。

中央视觉的主要作用是辨认物体的形状、颜色等信息，因此在运动当中主要负责进行分辨加工。例如，在比赛当中，快速地分辨出是对手还是队友（图 4–10）。中央视觉需要意识的参与，其加工速度相对较慢，因此单纯依靠中央视觉，很难对瞬息万变的运动情境做出反应。

图 4–10 靠哪个视觉系统来分辨敌友的

在理解外周视觉与运动控制的关系的时候，有必要引入一个新的概念——“光流”（Optical Flow）。它是指当物体与个体发生相对运动的时候，光线以各种角度从视网膜上流过。光流可以提供关于动作的许多重要信息，包括稳定性和平衡性，运动和动作速度，运动方向等。比如，当越来越接近篮球时，篮球看起来变大了就是光流的一种表现（图 4–11）。

图 4–11 当篮球接近时，篮球看起来变大了就是光流的一种表现

第三节 本体感觉的作用

一、本体感觉的概念

本体感觉相比于视觉等感觉具有明显的不同，它常常被人们忽视，而实际上又对人的日常生活和运动都有着重要的作用。本体感觉对于跳水、体操等项目的运动员尤其重要。本体感觉的感受器主要包括前庭感受器、肌肉感受器、关节感受器和皮肤等。

前庭感受器位于人的内耳，主要负责感知头部的加减速运动。有一种较为常见的疾病“耳石症”就是前庭感受器的功能出现了问题。肌肉感受器包括纺锤体和高尔基腱器两类。纺锤体是一种微小的纺锤状结构，与肌纤维平行排列。当关节运动时，相应肌肉的长度发生变化。因此，纺锤体也能间接提供关节的位置信息。关节感受器是通过位于关节周围的关节囊中的感受器感知各个关节的转动角度，特别是在扭曲程度较大时感觉更明显。皮肤上有很多感受器，包括热觉、痛觉、压力感觉和化学刺激，但与运动控制关系较为密切的是触觉。肤觉感受器有些位于皮肤表层，有些位于深层。请看图 4–12，想一想，飞机加速时感受到的头晕来源于哪个感受器？

图 4–12 飞机加速时感受到的头晕来源于哪个感受器

二、反射与闭环控制

上文所讨论的闭环控制中，强调有意识地对动作进行调整。实际上，还存在着仅需要脊髓或脑干就可以完成的调整，这些低级加工阶段对动作的调整，称为反射。

根据调整出现的时间（潜伏期）可以将反射分为 4 种，如表 4–2 所示。

表 4–2 肌肉反应中不同发射的属性

应答类型	潜伏期（毫秒）	适应性	指导作用	选择数量效应
M1 应答	30～50	几乎没有	无	无
M2 应答	50～80	低	一些	无
反应激发	80～120	中等	大	中等
反应时应答	120～180	高	极大	大

增加了反射的闭合环路控制模型更加完整，它可以解释一些非常快速的动作的控制。例如，摔跤运动员用手臂紧紧抱住对手的腰部，前臂皮肤的感受器能够检测出对手的摆脱企图，使其能够做出快速的反射动作以保持优势。

在将反射、本体感觉和视觉一同整合到上文所说的闭合环路控制模型后，就可以得到一个更完整的动作控制模型（图 4–13）。深入了解该模型，将有助于理解我们究竟是如何控制我们的动作的。

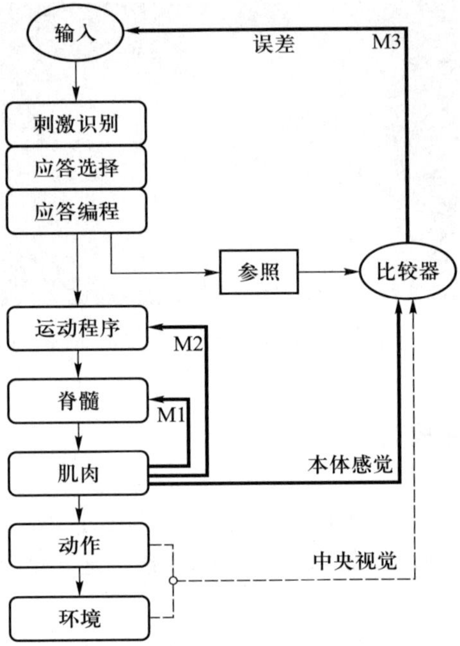

图 4-13 运动技能控制模型

（引自 Schmidt 和 Wrisberg，2008）

思考题

1. 简述闭合环路控制的主要组成部分。
2. 中央视觉和周围视觉有什么不同？哪一个是用来感受运动信息的？
3. 闭合环路控制的优势是什么？
4. 本体感觉包含哪几类？
5. 反射在动作控制中有什么作用？

第五章

运动技能的开放环路控制

▶ 本章导读

当个体需要在极短时间内进行动作控制的时候，闭合环路控制由于存在较为费时的反馈调节，显然是不适合的。因此本章在第四章的基础上，介绍运动技能控制理论的另一个重要模型——开放环路控制。具体内容从开放环路控制的结构和功能特点展开，并对相关的运动程序、概括化运动程序等重要概念进行详细的介绍。开放环路控制的模型结构相对简单，主要包括信息输入、决策阶段、运动程序与效应器等几个部分。本章将按照理论与实践结合的方式，对相关概念进行讲解。

▶ 学习目标

1. 掌握开放环路控制的模型理论，了解开放环路控制的适用条件、基本结构、优点与缺点。

2. 将本章内容同闭合环路内容相结合，理解两种控制结构上的异同与功能上的差异；能够明确指出运动情境中的某项运动技能控制属于哪类控制。

3. 在了解开放环路控制的基础上，掌握运动程序与概括化运动程序的概念，并能将其应用于对生活与运动实践中现象的解释；激发学生学以致用与深入探索的精神，提高其对运动技能控制理论的兴趣。

第一节 开放环路控制原理

一、开放环路控制模型

上一章中，我们详细介绍了闭合环路控制模型。在实际生活或运动情境中，有时需要执行的动作时间极短，没有足够的时间进行反馈，闭合环路控制就很难完成。因此，不存在反馈调整的运动技能控制模型显然有着重要的意义。这种不包含比较器，不进行反馈调整的运动技能控制就是开放环路控制（图 5–1）。

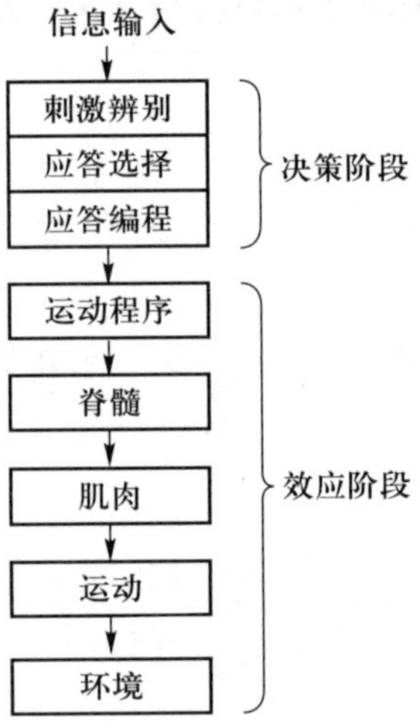

图 5–1 运动技能的开放环路控制模型
（引自 Schmidt 和 Wrisberg，2008）

开放环路控制与闭合环路控制在决策阶段较为相似，决策阶段形成的运动指令传递至效应器，执行运动技能。在执行运动技能的过程中，由于不存在比较器，所以对于所完成的运动是否达到预期目标不敏感，在运动的实施过程中不能对运动进行修正。以棒球挥棒击球动作为例，在效应阶段，决定的运动程序将指令经由脊髓传递给与挥棒有关的肌肉，通过肌肉的协调运动，最终完成挥棒动作。最后，无论是否击球成功，击球动作都不会进行及时修正，如图 5–2。

图 5–2 当这个击球动作正在执行中，可以进行调整吗

二、开放环路控制的特点

基于开放环路控制的模型，可以较为容易地概括出开放环路控制所应该具有的特点：由于需要执行一个事先确定的运动程序，所以在运动开始之前，需要确定动作的方式、序列和时间。由于不存在反馈调节，所以，肌肉的活动顺序和方式不能修改，也就无法纠正错误。当环境的可预测程度较高时，开放环路控制是极有效的。

一旦明确了开放环路控制的特点，也就可以得出它的优势与缺点了。由于不需要进行反馈调整，所以运动技能执行的整体效率很高，速度很快，这是开放环路控制的最大优势。但是，不需要反馈也带来了最大的缺点，即无法处理一些“突发状况”。如图 5–3 所示，想一想，信号灯的控制是开放环路还是闭合环路？这样设定的优点和缺点分别是什么？

图 5–3　信号灯的控制是开合环路还是闭合环路

三、开放环路与闭合环路的关系

仔细对比开放环路控制的模型与闭合环路控制的模型，可以发现两者最大的区别在于反馈调节。闭合环路控制由于存在比较器，可以进行反馈调整，而开放环路控制不存在比较器，也就没有办法对执行的动作进行调整。当运动技能需要反馈时，就以闭合环路控制为主；当反馈环路不起作用时，就以开放环路为主。反馈环路不起作用的原因有以下几点：

（1）动作时间太短，没有充足的时间留给大脑处理有关信息。这种情况在竞技体育中较为常见，如排球的扣球、棒球的击球。

（2）动作时间不短，但无法获得有关运动效果的信息。由于无法获取运动效果，也就自然不存在反馈了，如在黑暗中行走。

（3）有关传入神经或者加工过程受损，导致无法进行反馈。

（4）运动技能执行的误差很小，小到接近阈限，那么对于这种误差就没有办法觉察，无法进行相应的反馈。

综上，当无法及时获取运动效果的相关信息，或者可以获取信息，但是来不及进行加工时，运动控制就会通过开放环路控制。当有充分的加工时间，并且可以对运动技能进行调整，那么就通过闭合环路控制。

开放环路控制与开放式运动技能

实际上，开放环路控制与闭合环路控制不是两个完全独立的系统，在一个动作的控制过程中，两者也是可以相互转化的。例如，很多运动技能执行在最初阶段都是采用开放环路控制，如果后续运动时间较长，反馈环路开始起作用，中枢系统根据与运动效果有关的信息对动作进行调整，使得开放环路控制变成闭合环路控制。将闭合环路控制的每次调整拆开来看，闭合环路控制也可以看作是一系列开放环路控制的组合。

第二节 运动程序

一、运动程序的概念

在开放环路控制中，如何执行动作需要在动作执行前就规划好，并且将相关指令发送给执行器。这些指令至少需要包括：哪些肌肉参与、肌肉激活的顺序、肌肉收缩的力量、肌肉收缩的时间特征等内容。指令发送出去后，效应器执行指令。这种精确控制的指令和电脑程序很相似（图 5–4），所以也被称为运动程序。运动程序是在决策阶段产生的。在开放环路控制中，运动程序一旦发出就不需要调整，注意等认知资源可以投入其他加工中

图 5–4 运动程序和电脑程序有什么联系与区别

去，因此开放环路控制是一种高效的控制方式。

运动程序仅仅是一种猜想还是真的存在？时至今日，已经有多项研究证明了运动程序是客观存在的，而不仅仅是一种猜想。例如，后续动作更多的复杂动作，在发动前需要更多时间组织动作，这与运动程序假设是一致的。除此以外，还有动物实验和肌电实验分别验证了运动程序的存在。所以，在使用运动程序的概念解释运动技能控制的时候，是可以保持充分的信心的。

二、运动程序的作用

运动程序是开放环路控制模型中的重要概念，同样也是闭合环路控制中的重要组成部分。在闭合环路控制中，中枢系统对动作的控制也是通过运动程序完成的。不同的是，在闭合环路控制系统中，这些运动程序有可能在后续的动作执行过程中得到调整。没有运动程序，开放环路控制与闭合环路控制都不可能实现。运动程序的主要作用如下：

（1）向确定的部分肌肉发出指令，决定肌肉收缩的相关参数，组织相关肌肉和关节，使之成为高效运作的整体。

（2）指导身体为将要执行的动作做好姿势准备。

（3）对反射通路进行调整，为运动执行提供充分保障。

第三节　概括化运动程序

一、概括化运动程序的概念

一个人无论是在生活还是在运动中，要掌握的运动技能多不胜数，人们如果严格按照每个运动技能对应着一套运动程序进行存储的话，那么这样数目庞大的存储是几乎不可能完成的。这样“对号入座”去存储所有的运动程序没有办法解释实践中的一些问题，如新颖动作是如何产生的。在运动场上，经常有运动员“灵光一闪”做出某些让人瞠目结舌的新颖动作（图5-5），当人们感叹优秀运动员的惊人能力时，却发现这些巧妙的动作很有可能从来都没有练习过，也就不可能存在存储好的运动程序中。因此，每个动作都存储一套运动程序是不可能的。

图 5–5 如何解释运动员可以做出一些没有经过练习的“新颖”动作

那么，我们究竟是如何存储我们的运动技能的呢？科学家提出了概括化运动程序这个概念，用来解释我们如何存储运动技能，并在需要时对其进行一定的“创新”。所谓概括化运动程序是动作存储的方式，与运动程序不同，概括化运动程序在执行时可以根据外界条件进行一定的修正，以保证动作可以完成并保留有一定的创新空间。

二、运动程序的修改

概括化运动程序可以进行修正，这些修正往往包括以下几个方面：动作的时间、动作的幅度、动作使用的肢体和肌肉。概括化运动程序可以修改的部分的特征被称为参数。所以，一个实际执行的动作由两个方面决定，一方面是概括化运动程序，另一方面是参数。

概括化运动程序可以通过练习保存于长时记忆之中，那么参数是如何确定的呢？个体通常基于运动情境的具体特征，在动作编程阶段进行参数的确定。以乒乓球为例，运动员大脑中存储有接发球概括化运动程序，在具体的比赛情境中，根据对手发球的特征，确定击球动作的速度与方向等，这就是对参数的确定。概括化运动程序结合了运动员所设定的参数，就得到了一个实际执行的接发球动作。想一想，应如何理解每个人手写字体存在差异？

我们可以将一个典型的快读动作的组织概括为以下几个步骤：① 在应答阶段，选择要做什么动作。② 根据想做的动作选取概括化运动程序。③ 基于内部、外部特征确定合适的参数，在应答编程阶段赋值于概括化运动程序。④ 按照经过参数调整的运动程序执行动作。

思考题

1. 简述开放环路控制的模型。
2. 开放环路控制有哪些优点和缺点?
3. 简述开放环路控制和闭合环路控制的关系。
4. 从概括化运动程序的角度解释法医进行笔迹鉴定的有效性。
5. 设计一个实验，证明运动程序的存在。

第六章

简单动作的控制原理

本章导读

足球运动员在跑动一小段距离后起脚射门时，左腿支撑，右腿借助跑动时的后摆向前踢出，腹部肌肉用力使大腿前摆，大腿前侧肌群收缩使小腿由屈变伸，在右脚踢到球的瞬间，右脚背绷紧，把力量传送给球，这一连串的动作组成了足球射门的技能。人体能完成许多类似的运动技能，并且看上去都比较复杂。为实现特定目标而实施的运动技能在执行过程中必然会涉及多个肢体、多块肌肉的协同工作。为了了解复杂运动技能的控制过程，我们将它分解成若干个简单的动作，如大腿的摆动、小腿的屈伸，以便从运动技能的局部动作找到复杂运动技能的控制规律。

学习目标

1. 熟悉简单动作中的速度准确性权衡定律。
2. 了解动作速度 – 准确性权衡原理准确性权衡。
3. 掌握相关原理在体育实践中的应用。

第一节 复杂的运动效应系统

一、运动系统的复杂性

在体育运动中，运动员完成的技能动作多种多样。有些看上去比较复杂，如体操、舞蹈；有些似乎较为简单，如跑步、投掷；有些需要借助器械来实现，如羽毛球、击剑；有些则徒手就能完成。这些运动技能的实施过程本质上都是以骨骼肌收缩为动力，骨骼受牵引绕关节转动，肢体沿某一空间轨迹移动，并在特定的时间，到达特定的位置，以实现特定的目的。观察外显的肢体运动，人体的运动系统就像是一套非常复杂的机械系统。在中枢神经系统和外周神经系统的支配下，各肢体协调配合，有条不紊地完成如走、跑、跳、投等各种动作。由于骨骼、骨骼肌和关节的数量众多，能够完成的运动种类丰富多样，因此，实现对这些运动技能的控制就显得比较复杂。但是，由于神经系统的功能非常强大，足以应付对各块肌肉的调控，以完成不同的任务需求，而且，许多动作的实施过程几乎没有意识的参与。如此复杂的一套机械系统是如何受神经系统支配顺利完成操作任务的，这是当今运动技能控制与学习领域的研究者致力研究的课题。

人类的运动技能并非无所不能，运动技能的提高也并非没有止境。有些运动技能比其他技能实施起来更加困难，如在高速滑板上维持平衡比在直立状态下维持平衡要困难，双手以不同的频率敲击钢琴键盘比以相同的频率进行敲击要困难得多。即便是很简单的一个运动操作，在实施过程中也必须权衡各运动特性的利害得失，操作水平的提高也受到某种因素制约。比如，想要尽快完成某操作任务，就不得不损失一定的准确性；要想提高准确性，只能降低一些动作速度。这似乎有一些内在的机制自主地管理着肢体的运动。这种内在控制机制的存在释放了对肌肉活动的意识控制资源，减轻了中枢系统的信息处理负担，同时，也会制约运动技能的提高，使其不能达到随心所欲的程度。

二、自由度问题

苏联生理学家 Bernstein（1940）提出了运动控制中的自由度（Degrees of Freedom）问题。自由度是指运动系统中为完成某项运动技能必须得到控制的肌肉和关节活动维度的数量。这些肌肉和关节活动维度限定了肢体的运动范围和方式。自由度越少，肢体运动的方式就越单一，活动范围越小；自由度数量越多，肢体运动的方式就越多样，活动范围就越广。在三维立体空间里，自由度数量众多，使得肢体运动的控制过程变得更加复杂。即使是一个较为简单的动作，其需要控制的自由度也是很多的。以投篮时手的运动为例，如果不考虑手指关节的活动，腕关节提供了两个维度的运动，上臂有自身的旋转和绕肘关节进行屈伸，上臂又可以绕肘关节做屈伸及外展内收等动作。正确的投篮动作必须对这些可以独立活动的关节的角度进行控制，也就是需要控制这些自由度。实际投篮动作中的自由度远不止这些，因为腰椎可以活动，髋关节、膝关节和踝关节等也是投篮过程中需要调节和控制的。此外，还有难以计数的肌肉活动。所以，一个看似简单的投篮动作，其自由度数量却很大。

在完成同样的技能动作过程中，中枢神经系统对肌肉活动的控制存在多种方式。针对人体复杂的运动效应系统，中枢神经系统如何传达指令给肌纤维，使得肌肉收缩力量、速度以及不同肌肉之间的配合能够恰到好处，这是运动技能控制领域以及神经生理学和人类工效学研究者努力探索的课题，也是当今认知心理学和生态心理学的一个争论焦点。

三、简单运动与复杂运动

虽然人类的运动技能种类很多，而且具有大量的冗余自由度，但其实施过程基本上都是由不同肢体围绕关节的运动组成的。每一个肢体绕关节的运动都可以被看作是一个“简单动作”，也就是说，一个复杂运动可以分解为几个简单动作的有机组合。比如，实施篮球投篮技能时，上臂绕肩关节的动作，前臂绕肘关节的动作以及手绕腕关节的动作等，这些简单动作按特定的顺序和时机进行协调运动，最终实现投篮动作。简单运动通常只含有少量的自由度。对复杂运动进行分解是研究者探索运动技能控制机制的常用方法。对简单动作控制过程的研究，并总结出的控制规律同样适用于复杂动作控制过程。复杂运动技能是由简单运动技能有机组合而成的，有关复杂运动技能的控制原理将在下一章介绍，本章将针对简单运动技能控制中的一些基本原理进行论述。

在物理学里有一些基本定律，如牛顿定律反映了物体的质量、速度、加速度和受力等变量之间的关系。之所以称之为定律是因为它具有普遍意义，在不同场合下，可以用它来解释物体的运动规律。人类的运动技能控制也遵循某些类似的基本定律。这些定律既可以用来解释运动技能控制和学习过程中的许多现象，也可以用来提高运动控制的效率，改进技能练习的方法。本章将讨论简单运动控制的定律。这些定律反映了肢体的移动速度与准确性之间的关系，以及运动距离与运动时间之间的关系。

第二节 动作速度、动作距离和动作的准确性

一、菲茨定律（Fitts' law）

"欲速则不达"，意思是越想尽快完成某项任务，越容易因为失误过多而导致失败。在运动场上有很多这样的例子，比如，足球运动员常常会因为在情急之下射门而把球踢偏，乒乓球运动员求胜心切反而把机会球打失。这类现象似乎并不局限于某几种技能操作之中，而是各种运动技能操作中的普遍现象。在运动技能研究的早期，Woodworth（1899）发现，在画线操作中，被试的动作准确性会随着动作路径增加，或者动作速度的提高而降低。不过，在此后很长一段时间内，这一结果并没有引起大家的注意。直到1954年，心理学家菲茨完成了一系列重要的实验后，首次详细描述了动作速度和准确性之间存在的数学关系才引起了人们的注意。

菲茨设计了一个非常简单的动作操作任务，被试被要求尽快地交替敲击两个金属板（动作目标）。在实验中，有计划地改变目标之间的距离（A）以及目标的宽度（W）（图6–1），并记下被试敲击两个金属板之间的时间，这个时间被称为动作时间（Movement Time，MT）。研究发现，随着A的增加，或者W的减少，MT都会系统地增加。菲茨细致地分析了这三个变量间的关系。他发现，无论怎么改变A或者W，只要两者的比率不变，MT也基本不变（图6–2）。由此可以推断，将肢体移动较长距离到一个较大目标的动作与移动较短距离到一个较小目标的动作是一样快的。这就是著名的菲茨定律。如果用数学公式来表达可以写成：

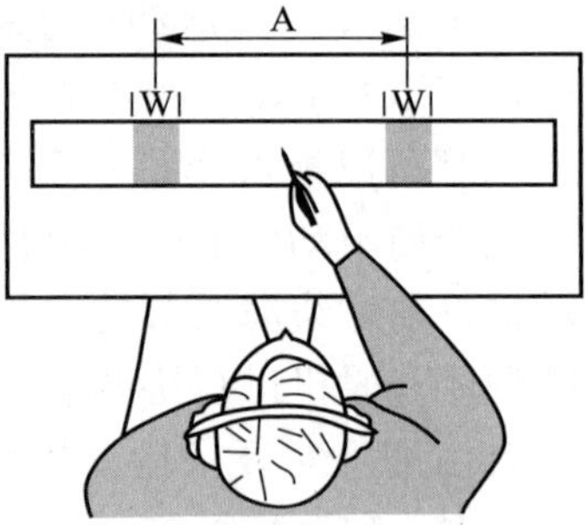

图6–1 菲茨的实验示意图

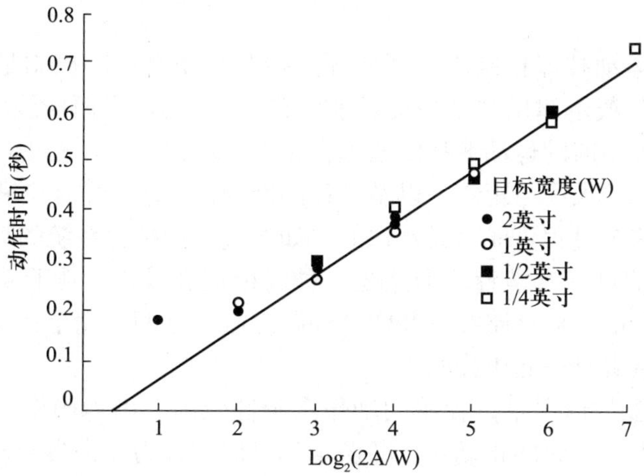

图 6-2　运动时间与运动幅度与目标宽度的比值之间的关系

（引自 Fitts，1954）

$$MT = a + b\text{Log}_2（2A/W）$$

（其中：MT 是动作时间，a 和 b 是常数，A 是目标间距（动作幅度），W 是目标宽度）。

另外，Log_2（2A/W）值的大小又被称为动作的难度系数。难度高，动作时间（MT）就长；难度低，则动作时间短。菲茨定律反映了动作时间与动作难度系数之间的线性函数关系。尽管菲茨的研究采用了一种非常简单的操作任务，即上臂绕肘关节的动作，但从中获得的这些基本规律也能应用到复杂运动技能控制中。

从菲茨定律可以得到以下几条重要的推论：

（1）操作者要提高动作的准确性就只能以降低动作速度为代价，相反，如果降低对动作准确性的要求，动作速度就可以更快，这就是速度 - 准确性的权衡。这一规律在运动技能控制中具有普遍性。也就是说，在不同的条件下（如在水下、在空中）、在不同的操作群体中（儿童、老人）、在不同身体部位（手指、手臂、手）的动作中，速度与准确性的权衡关系都会显现。菲茨定律是运动技能控制领域中一个最基本的原理之一。

（2）对于既定大小的目标，当动作幅度增加时，动作时间会增加，但是，增加的幅度较小。当动作移动的距离增加 8 倍时，动作时间可能只增加 2 倍。这意味着移动距离的增加只会导致动作时间的少量增加。这一现象对体育运动有很大的启发。比如，在棒球的挥棒击球过程中，增加挥棒幅度，为了保证准确性，虽然挥棒时间有小幅的增加，但对球的打击力量会增加很多。

（3）在运动技能控制中，开放环路控制和闭合环路控制是有机地整合在一起的。菲茨定律反映了技能控制中的一个特点：即便是快速的运动动作，在动作开始前的运动编程阶段也存在基于反馈的动作校正过程，也就是针对动作目标的大小与距离，以及动作的准确性要求调整运动程序。对于操作者来说，这个过程可能是无意识的，如通过外周视觉系统的无意识加工获取视觉反馈信息。有学者认为这是一种前馈控制过程。从菲茨定律可以推断，运动技能的开放环路控制和闭合环路控制不是两个完全独立的过程，在运动控制中两者是一起工作的。

（4）在多数情况下，较慢的动作准确性较高，因为操作者有更多的时间来检验错误并及时纠正动作。菲茨定律可以解释为什么当误差太大时操作者必须降低速度来减少误差。这是一个操作策略上的权衡利弊的过程，操作者可以通过损失一点动作速度来获取更高的动作准确性。

二、线性的速度与准确性权衡

菲茨定律描述了动作速度与动作准确性之间的权衡关系，但是，菲茨的实验是以动作时间为因变量，以动作距离和目标大小为自变量，并没有直接将动作的准确性作为实验的研究变量。在体育运动中，动作的准确性常常是重要的指标。比如，篮球项目中的传接球，排球项目中的扣球，羽毛球项目中的高远球等，这些运动都有一个共同的特征或者相同的目的，就是要在特定的时间，将手臂或器械移动到空间的特定位置击中目标。那么，当动作时间和动作距离改变时，动作的准确性究竟会发生什么样的变化呢？

Schmidt 等人（1979）采用目标瞄准（Aiming Movement）任务研究了这些因素之间的关系。实验要求被试手握探针从一个位置移动到另一个目标位置，动作的时间和距离作为实验条件进行控制。要求被试在不同的实验条件下移动探针，动作的准确性用探针实际到达的位置与目标之间的误差来计算。结果如图 6–3 所示。

实验中，要求完成的动作速度都很快，动作时间少于 200 毫秒。从前面章节中，我们已经知道这类动作主要由运动程序控制，动作过程中几乎没有基于反馈的校正。实验结果显示：一方面，当动作距离增加时，不管对动作时间有什么要求，动作的准确性都会逐渐降低；另一方面，随着动作时间的减少，不管在何种动作距离条件下，动作的准确性也会降低。动作时间和动作距离这两个因素似乎是相互独立的。单独增加动作距离导致动作的误差

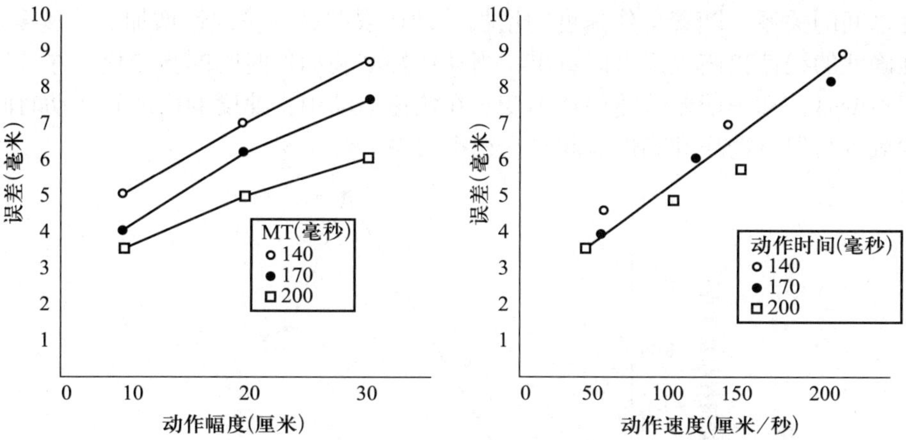

图 6-3 不同运动时间和运动距离的快速手臂任务的动作稳定性

（改编自 Schmidt et al.，1979）

增加，单独减少动作时间同样也导致误差增加。这就解释了运动场上运动员越是想尽快击中目标越容易失误的原因。

在较慢速度的运动技能控制中，运动误差被信息加工系统用来作为反馈信息对运动进行校正，是闭合环路控制中的一个重要环节。因此，如果运动速度加快，运动误差信息来不及得到有效加工，从而影响对运动的及时校正，就会导致运动误差增加。这样的解释有一定的合理性。但是，在 Schmidt 的研究中，要求完成的是基于开放环路控制系统的极快速的运动。从他的研究所显示的有关动作准确性的动作距离效应和动作时间效应可以推断，开放环路控制系统也同样受速度 – 准确性权衡原理的支配。在极短时间内完成动作时，动作准确性的降低不是因为没有足够的时间对反馈信息进行加工。也就是说，在完成一个非常简单而且不需要反馈控制的动作中，动作的时间效应也会发生。动作时间的减少会影响快速动作起动时开环控制的加工稳定性。

这个观点与菲茨定律是一致的。也就是在给定的距离条件下，如果操作者的动作太快，结果往往是动作准确性降低，失败次数增加。在菲茨的实验中，要求被试的动作错误率不能超过 5%，错误太多的数据必须剔除，因此，被试的动作会慢下来，减少动作的变异性，使动作的命中率增加。

动作幅度（A）和动作时间（MT）这两个独立的因素组合在一起影响动作的准确性。Schmidt 在研究中发现，动作的误差与动作的平均速度（A/MT 值）呈线性关系。比如，图 6-4 中显示了动作误差与动作的平均速度之间的关系。随着动作速度的增加，动作误差就会呈线性增加。从速度－准确性的线性权衡关系可以看出，当动作幅度和动作时间同步变化，并且比率不变时，动作误差就能保持不变。在快速运动中，速度的增加和运动时间的减少与保持动作准确性之间存在权衡关系。

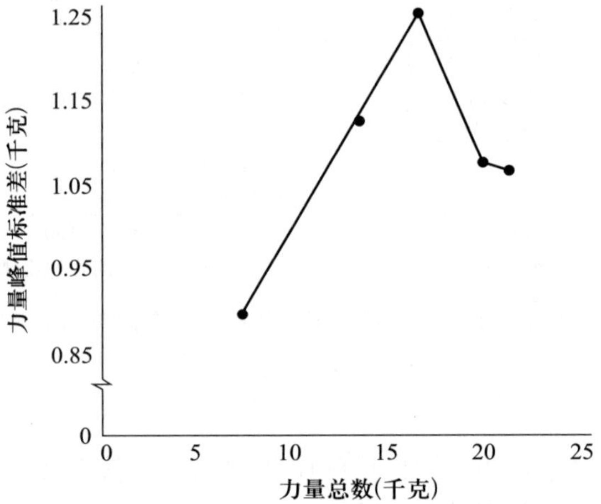

图 6-4　以不同力量完成动作时的力量峰值

（引自 Sherwood 和 Schmidt，1980）

杜俊敏等人（2008）研究了不同起点的瞄准动作的时间问题，结果显示，在目标点的外形尺寸和距离相同的条件下，不同的方向会造成拾取时间差异显著。对于右利手者，当目标点位于起始点右上方 45° 时，拾取时间最短。此外，长期学习使动作的熟练程度提高，手比前臂灵活，且前臂比上臂灵活这一人体生物力学特性等都可能是导致研究结果的原因。这说明，人体生理运动特性也是影响拾取动作速度的原因之一。

三、动作准确性下降的原因

由于没有足够时间对反馈信息进行加工和对动作进行修正，快速运动的准确性比受反馈调节的慢速运动低。但为什么动作距离的增加或动作时间的缩短会增加快速运动的空间误差呢？本书的前一部分已经介绍过快速运动技能的实施是由运动程序控制的，这些运动程序包含了肌肉收缩的顺序和各部分肌肉力量大小的信息。因此，导致快速运动的准确性下降的原因可能与运动程序沿中枢神经系统传输到肢体肌肉活动的过程有关。

研究者发现，尽管操作者在每次操作中试图用相同的力量，但实际上，每一次用力都有些不同。这是因为中枢神经系统的每一次加工活动都存在着某种不稳定性，我们称之为“噪声”，这是导致动作变化的主要原因。中枢神经系统将神经脉冲传递到肌肉，肌肉收缩产生力，再通过肌腱的传递将力施加于骨骼，这一过程存在不稳定性。另外，不同反射性应答所产生的肌肉收缩也是导致动作不稳定的原因之一，比如 M1、M2 应答。

运动控制系统中噪声的存在意味着肌肉收缩的实际力量并非总是遵循操作者的主观愿望。通常，随着操作者的收缩力量或动作速度的增加，肌肉收缩力量的变异也会增加（Schmidt，Zeaznik & Frank，1978）。但是，Sherwood 和 Schmidt（1980）的研究显示当个体的肌肉用力增加到极限时，动作力量的变异反而出现下降。他们的研究发现（图 6–4），力量的变异随着肌肉的用力增加而增加，当用力达到个体最大力量的 70% 左右时，力量的变异程度达到最大。当收缩力量再增加，力量的变异反而呈下降趋势，当个体用最大力量时，力量变异有明显下降。

动作的空间误差又是如何产生的呢？比如，在一水平面内，挥动手和手臂击一个定位球，采用类似棒球中的挥棒动作。在这一动作中，许多位于手臂和躯干的肌肉拉动，引导手臂和球棒击向目标。这些肌肉中的一部分收缩方向是根据动作意图而组织在一起的。除了重力每次都起着相似的作用外，大部分肌肉排列在动作的不同角度方向上，如图 6–5 所示。为完美完成这样一个动作，不同肌肉必须以合适的力量收缩，互相协调，使得最终的合力能与动作意图的方向一致。因此，如果其中某些肌肉的力量不合理，比如，肌肉 1 的收缩力太大，动作的方向就会相应出现偏差，使得动作无法击中目标。

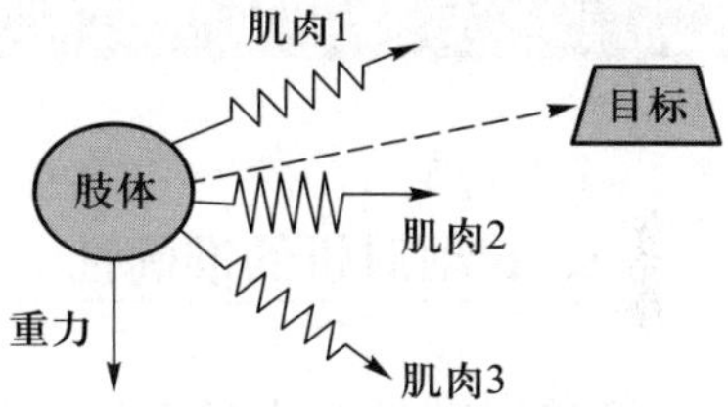

图 6–5　肢体运动不稳定的产生原因

（引自 Schmidt 和 Wrisberg，2008）

如果要做出一个更加快速的动作时，由于动作时间的减少，作用在手臂骨骼上的肌肉力量就会增加。图 6–6 显示了动作空间变异性与肌肉力量之间的关系，其中肌肉力量用个体最大力量的百分比来表示。随着力量的增加（如一直到最大力量的 65%），这些力量中的“噪声”也相应增加，使得每一块肌肉收缩中的错误成分也发生轻微的增加，导致它们的收缩与运动程序所希望的方向有轻微的不同。如果这些力量不能很好地互相协调，动作就会偏离到离目标更远的地方。因此，动作时间减少而导致动作不准确性的增加主要是因为在大肌肉收缩中噪声的增加。但是，当个体用最大的力量去完成动作时，力量的变异相对减少，各肌肉之间的力量差异也相对较稳定，因

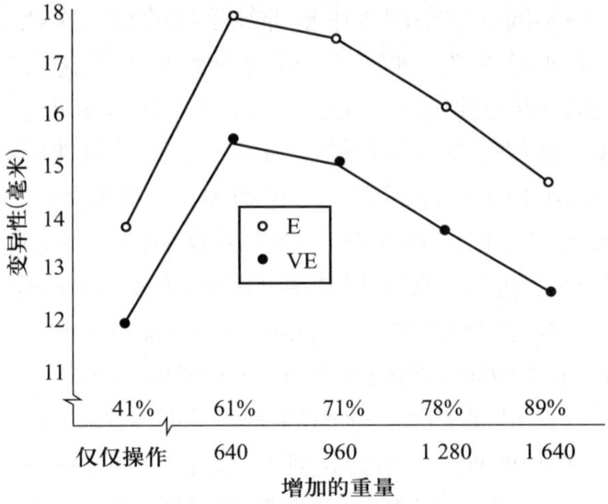

图 6-6 快速挥动手臂时的空间位置变异性

（引自 Schmidt 和 Sherwood，1982）

此做出来的动作反而会变得较稳定，动作误差减少。

第三节 时间上的准确性与速度的权衡

一、起动时机的准确性

简单运动控制中的速度–准确性权衡现象在各种运动技能控制中普遍存在。除了针对空间目标的动作准确性，很多运动技能还涉及时间上的准确性，或者同时包含了时间和空间目标的准确性。在一些快速有力的运动项目中，时机的准确性非常重要。比如，在棒球的击球动作中，动作的准确性包括何时挥棒（起动时机）和何处击球（空间）两个方面。如果运动员每次都能用相同的持续时间进行挥棒，那么就有助于确定何时发起挥棒动作，以便使球棒和球能够在同一时间到达同一位置。如果每次都能以同样的时间完成快速的挥棒动作，击球的准确性就会提高。

在体育运动中，常需要运动员用肢体或器械在特定的时间击中一个移动的目标，这种任务称为时机任务。肢体或者器械过早或者过晚到达预定位置，都实施不了对目标物的打击。在这类快速运动中，不仅仅需要提高动作时间的准确性，还需要考虑动作距离和动作起动时间，以及其他一些变量的影响。因此，这种以时间为目标的运动技能与单纯以空间准确性为目标的技能所遵循的原则有所不同。

Schmidt 等人（1979）的实验要求被试完成一个动作距离（A）固定的动作，动作时间（MT）从 300 毫秒减少到 150 毫秒。有人猜测减少动作时间将产生更多的时间误差，其实不然，减少动作时间的结果是时机误差也相应减少了。在时间成分上，动作完成得更准确了。如图 6–7 所示，随着动作时间的增加，时间误差也呈线性增加，减少动作时间反而减少时机误差。实验的另一个发现是，当动作距离增加而动作时间保持不变，也就是相应提高动作速度，时间误差几乎没有增加，除非动作时间过短。因此，在以时间误差为主要控制任务的运动技能中，影响运动绩效的主要因素是动作时间，这一点与以空间目标为特征的运动技能有很大差异。

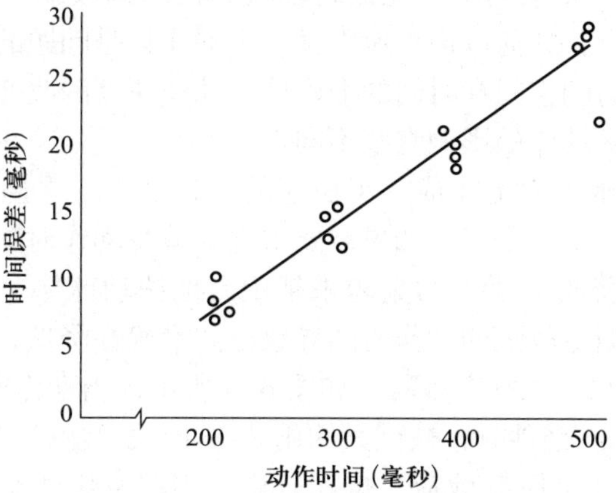

图 6–7　不同动作时间下的时间误差

（引自 Schmidt et al，1979）

以下是有关以时间准确性为主要目标的运动技能控制原则：

（1）通过提高动作速度减少动作时间，可以提高时间准确性。

（2）在很多运动项目中，提高动作速度并增加动作距离（动作时间不变），时间准确性将不受影响。

（3）在非常快速的运动中，通过增加动作距离而增加动作速度，可以减少时机误差。

（4）时机准确性的决定因素是运动时间，较长的动作时间产生较大的时机误差。

当前，这些有关时机误差的发现已经不再像它们首次被发现时那样令人惊奇了。我们可以做一个简单的实验，拿出一个秒表，不要用眼睛看，按两下，使其出现准确的 2 秒。重复 9 次或更多，记录每一次测试中的时间误差量。再用同样的任务，要求按出 4 秒来，通过几次练习之后，你就会发现在估计 2 秒时的误差比估计 4 秒时的误差小一半。每次估计这样一段持续时间（既有秒表，又有手臂的动作任务）的中枢神经系统多少会有些变异（噪声）。如果持续时间增加，这种变异的量就会增加或积累，因此产生较大的误差。完成时机任务的运动程序不会受动作力量变化的影响，因此，动作距离的改变也不会改变时机误差。

二、动作时间的准确性

竞技体育通常要求运动员完成特别有力的肌肉收缩，并产生接近最大的动作速度。但是，如何以最大速度做一个动作只是问题的一方面，这个动作同时还需要很高的空间和时间的准确性。动作速度的改变对较大力量动作的影响与较小力量动作的影响有些不同。

想象一下在水平面上完成一个快速的手臂动作，手握指针移动到一个目标，就像要去击中一个球。如果被要求逐渐减少动作时间，空间准确性会有什么变化？这类似于手的力量越来越用力地挥动球棒。如果用速度–准确性权衡原理推断，较短的动作时间导致空间准确性降低，但准确性最低点出现在动作时间约为 100 毫秒时。如图 6–8 所示，当动作时间进一步减少，从 100 毫秒降到 80 毫秒时，被试大约用 84% 最大力量，空间准确性反而提高。这就产生了一个倒 U 效应。也就是说，用非常快和非常慢的速度，动作可获得较好的空间准确性，而中等速度的运动，准确性最低。这一规律与前面提到的速度–准确性权衡原理是不一致的。

为什么这些运动又快又准确呢？这些运动非常像图 6–6 所示的一些肌肉确定手臂的轨迹。当力量非常大，几乎达到最大力量时，力量的变异减少了。如图 6–8 显示，随着力量的增加，力量就变得较为稳定，这些小的力量变异使得动作的空间准确性较为稳定，虽然，这些都是非常简单的动作，但可以将这些应用到较为复杂的动作中。

总之，当动作要求非常大的肌肉收缩力量时，将产生下列结果：

（1）通过减少动作时间来提高速度时，会减少空间和时间的误差。

（2）增加动作的力量负荷，可减少误差，直到某一水平。

（3）空间准确性和力量要求之间呈倒 U 的关系。在中等力量时，准确性最差。

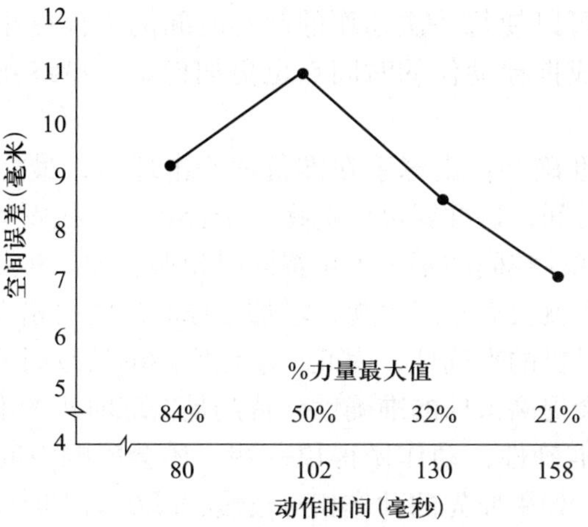

图 6-8 不同动作时间和力量下的空间误差
(引自 Schmidt 和 Sherwood，1982)

三、速度 - 准确性权衡原理在运动实践中的运用

如何利用快速运动中的速度 - 准确性权衡原理，提高运动员的比赛成绩呢？理解这一法则的最好方法是将这些原理应用到普通的任务中，以棒球的挥棒击球为例，当预测球的空间轨迹和到达时间，以及此刻的位置后，还要实施有力准确的快速动作。

在高水平的棒球比赛中，投手投出的球大约飞行 460 毫秒。击球手挥棒的动作时间大约 160 毫秒。从人的反应时间来计算，在动作开始前约 170 毫秒，内部的动作起动信号已经产生。两个时间加起来就是 330 毫秒，因此，在投手将球投出后的 130 毫秒之前，击球手必须决定是否击球，必须对运动的主要部分做出计划，并通过中枢神经系统来起动动作。

如果击球手打算提高挥棒的速度，缩短动作时间，如从 160 毫秒缩短到 140 毫秒。教练可以指导击球手提高挥棒的速度，通过减少动作的距离，或者使用更轻的球棒，或者采用不同的击球姿势和击球动作类型。

视觉信息加工：如果缩短了动作时间，挥棒开始的时间便可以晚一点。这样，就能有更多的时间观察球的飞行路线，判断球的飞行时间，同时，也能准确地预测击球的位置和时间。在球靠近击球手时，多出 20 毫秒观察时间是很有益处的。因此，缩短动作时间有助于更好地预测球的飞行特征。

挥棒起动时机的准确性：如果挥棒的速度增加，动作起动的决策时间就更加充分，在时机准确性上也高一些。在 Schmidt（1969）的模拟实验中，动作时间的缩短可以使每一次动作的起动时间的变异更小，挥棒开始的时间更加稳定，完成挥棒动作的时间点也更加稳定，最终获得更高的时机准确性。

动作时机的准确性：击球手在准备挥棒击球时，最好能够估计出自己挥棒动作的持续时间，这样就可以选择一个合适的时机发动挥棒动作，并且能够使球棒与来球在空间的某一个位置同时相遇。如果实际的动作时间与预估不同，那么动作就会太早或太晚，增加击球时的时机错误。由于减少动作时间会增加动作时机的准确性，因此，动作实际的持续时间就与击球者所估计的较接近，这会提高击球的准确性，特别是击球时机的准确度。

动作的空间准确性：动作做得快一些，还会影响空间的准确性，这一点前面已有讨论。如果原先的动作相对较慢，减少动作时间会提高击球的准确性。如前所述，当动作非常快而且有力时，动作时间的减少更有利于增加动作的准确性，这是因为力量的变异范围减少。

对球的打击：快速挥棒给球更大的冲击力，这在棒球比赛中是非常重要的。可以采用更重的球棒增加动作的负荷来提高空间的准确性，同时防止动作速度的降低。

思考题

1. 简述从菲茨定律得到的推论。
2. 简述以时间准确性为目标的运动技能控制原则。
3. 简述当使用较大力量收缩肌肉时产生的结果。
4. 举一实例，说明速度 - 准确性权衡原理在快速运动中的应用。

第七章

复杂运动的协调控制

▶ 本章导读

篮球运动员在起跳投篮过程中，双腿的起跳和手臂的上举动作几乎同时进行，随后上臂、前臂和手部协调发力把篮球投进篮圈。乒乓球运动员在击球时，通过跨步快速移动身体，同时手臂后摆引拍，随后手臂向前上方挥拍完成正手击球动作。这些在体育运动中常见的运动动作，极少是只需运动员动一下肘关节或膝关节就能完成的简单运动。我们把由多个肢体或肢体的多个部位协同工作完成特定任务的运动称为复杂运动。对不同肢体或部位的协调控制是复杂运动的典型特征，因此，对复杂运动的研究将围绕不同肢体或部位间的协调控制问题而展开。

▶ 学习目标

1. 掌握体育运动中运动技能协调控制的含义，熟悉运动单元的概念和界定方法。

2. 通过举例分析非连续性与连续性运动技能的协调控制模式和机制，了解系统动力学理论及自组织系统理论对运动技能协调控制的解释方法，并进一步掌握上下肢和多人间的协调在体育运动中的表现和意义。

第一节 运动技能协调控制概述

一、运动技能协调的含义

几乎所有的体育运动都属于人体为实现特定目的多肢体多部位共同工作的复杂运动。当两个或两个以上肢体或部位同时运动，就必然涉及协调控制问题。有些动作非常容易完成，如双手同时上举或后摆；有些动作不容易完成，如用双手同时拍打出两种不同的节奏，除非经过特殊训练。研究表明，在执行某些运动技能时，肢体间的协调存在一些障碍，这些障碍阻止了运动的主观随意性。在生物学意义上，肢体间的协调保障了人类的基本运动方式（如走、跑）能够顺利完成，但在体育领域，肢体间的协调障碍会阻碍某些运动技能的获得。也就是说，人们可以较轻易地获得某些生存所必需的运动技能，但要想在体育、艺术等特殊领域获得较高的运动技能，必须经过长期的训练，以克服肢体间的协调障碍。

有研究认为，阻碍肢体间运动协调的主要原因与动作的时间结构（temporal structure）有关。动作的时间结构就是每一个动作所涉及的肌肉都有各自的起动和结束时间点。当不同的肢体动作具有相同的时间结构，或者有紧密的时间性关联时，这些动作间比较容易协调，比如走路时摆动手臂和迈腿间的时间性关联。当不同肢体动作的时间结构不同时，尽管在各自单独运动时比较容易完成，但同时完成就不容易做到。因此，通过考察哪些动作间容易协调，哪些动作间不容易协调，可以帮助我们进一步了解协调过程的内在机制。

二、对运动技能协调控制的两种理论解释

不同类型的运动技能的协调控制可能存在不同的内在机制。根据运动技能是否有明显的开始和结束可以将其分为连续性运动技能和非连续性运动技能。非连续性运动技能有明显的开始和结束，如羽毛球发球、棒球击球等。由于动作一般执行较快，较多的受运动程序的控制。而连续性运动技能的开始和结束是不明显的，就像跑步、开车，每次运动的持续时间会有所不同。在完成这种运动任务中，动作的前期计划并不那么重要，而对动作误差的觉察和反馈调节起较大的作用。相对来说，非连续性运

动技能的实施过程较少受意识控制，而连续性技能的意识控制性较强。为此，对运动技能协调的控制机制存在两种争论比较激烈的理论。一种是基于自组织系统（Self-organizing System）的运动控制理论，另一种是基于运动程序的运动控制理论。Keele（1998）认为自组织系统理论更适合解释连续性运动技能，这类技能通常有较长的持续时间，其控制过程包含对反馈信息的加工；而运动程序理论更适合解释非连续性运动技能，这类运动技能通常需要在较短时间内完成，其控制过程的前期准备比较重要，而反馈信息不重要。

三、体育运动中的技能协调控制

教练经常用“身体协调能力”的高低去评价运动员，他们可以凭自己的经验直观地指出某某运动员协调能力如何。现在我们已经能以更加具体的神经肌肉活动特点去描述协调能力强是一个什么样的动作方式。

体育运动项目种类繁多，每一种项目包含多种运动技能。有些运动技能需要双手同时完成相反并且对称的动作，如走路时手臂的前后摆动。有些运动技能需要双手同时完成相同方向的动作，如游泳项目中蛙泳的双手同时向前和向后的划水动作，篮球的双手胸前传球，排球的双手垫球、传球。上下肢之间也存在同方向或反方向的运动组合，如跑步过程中对侧上下肢的同方向运动，击剑中弓步刺动作同侧上下肢的同方向运动。这些运动技能的协调控制过程看上去都比较容易完成。相对来说，同侧上下肢的同方向运动难度稍大。

体育运动中另一些运动技能的协调控制相对难度大一点。这些运动技能看上去只有一个肢体或肢体的一部分在运动，但实际上需要多个肢体或多个环节的协调运动。比如，乒乓球的正手拉弧圈球，合理的动作方式应该是从腿部发力开始经过髋部运动、腰部运动、肩部运动、手臂运动，最后通过腕部运动甚至手指的运动完成整个击球过程。还有像棒球的投球、羽毛球和网球的击球、标枪和铅球中的手臂发力过程等，这些运动技能在实施过程中都有相似的链条式发力。身体不同部位的肌肉按特定的顺序、特定的时间间隔发力，必然需要得到合理的协调控制。错误的发力顺序或者不合理的间隔时间，都可能产生不合理的动作模式，导致运动技能绩效降低。对这类运动技能的协调控制是体育运动中最重要的部分，需要通过大量的练习才能获得。

第二节 非连续性运动技能的协调控制

一、头、眼的协调

在体育运动中，通过视觉及时获取对手或环境变化的信息是非常重要的。比如，在球类项目中观察球的空间位置信息并采取相应的接球（篮球）或击球（羽毛球）措施。当目标物意外出现在视野的某个位置时，眼睛必须尽快地锁定目标物，以便为视觉信息的加工提供充足的时间。在这种情况下，头部和眼球的运动是如何协调的呢?

Bizzi 等人（1974）对猴子的研究发现，头部运动和眼球运动之间存在紧密联系。图 7-1 显示目标物意外出现在视野的外周后，猴子的头部和眼睛的转动角度的变化。当目标物出现后，猴子的眼球经过短暂的一段反应潜伏期，产生一次快速的眼跳运动（Saccade）将瞳孔指向目标物。与此同时，头部开始运动，但是速度相对较慢。当头部朝向目标转动时，眼球向着与头部运动相反的方向旋转。眼睛和头部反向运动互相抵消，因此，目标物始终被锁定在视觉中央。眼睛和头部之间的这种运动协调性被称为前庭视觉反

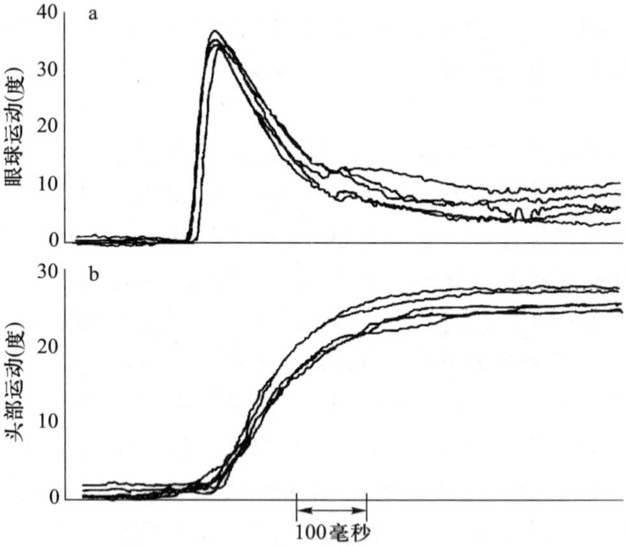

图 7-1 在快速寻找目标物期间眼球 a 和头部 b 的运动轨迹

（改编自 Bizzi，1974）

射。在快速寻找目标这样的任务中，眼跳保证了对不可预测的视觉信号的快速识别，而头部和眼睛同时的反向运动维持了眼睛对目标的注视。

二、瞄准 / 击打任务

在前面有关运动程序的论述中已经介绍，在极短时间内就完成的快速动作可能受预先组织好的某种神经肌肉活动模式所控制。但是，还有些运动需要对相关的动作进行较复杂的组织，包括不同动作间的序列或并行的协调。比如，羽毛球运动中运动员向前伸出球拍完成挑球动作。在这种情况下，必须在一个动作完成之后，另一个动作才能开始。因此，当一个运动的持续时间较长或较复杂时，不能确定这种长序列的运动是否完全由单一的程序进行复杂控制。通常，这些运动是由一连串的运动程序构成的（每一个持续 200~300 毫秒，或者更长时间）。

拦截运动是体育运动中一种常见的单手臂运动，通常是运动员移动肢体后在特定的时间和空间击中一个移动的物体，如棒球和网球中的击球。Schneider 和 Schmidt（1995）让被试用右手握操纵杆击中一个不同速度的移动物体（电脑模拟）。在目标开始移动之后，被试的手臂先做一个微小向右移动，然后是向左的“引拍动作”，再向右移动完成“击球动作”，目的是用操纵杆“击中”移动的物体。研究者对被试的每次操作进行了运动学分析。首先根据“加速度 – 时间”的关系图确定该动作运动学上的参考点（如图 7–2 中的点 A、B、C…H），分别代表加速度的最大值、最小值或零值，这样就确定了每次操

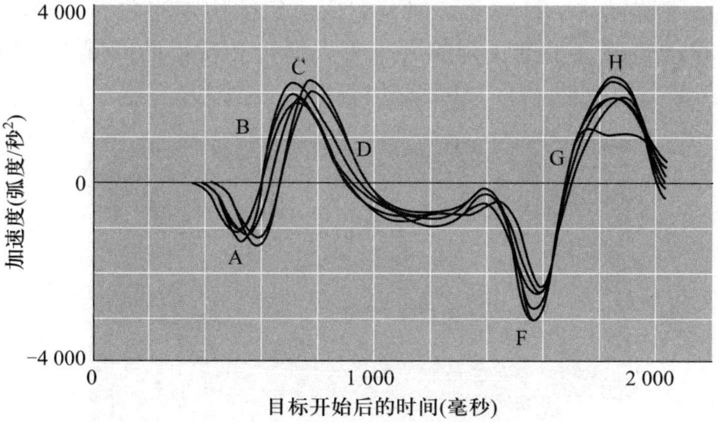

图 7–2　一个完整的动作被分割成两个动作单元：
动作单元 1（A、B、C、D）和动作单元 2（F、G、H）
（引自 Schneider 和 Schmidt，1995）

作的 8 个参考点的出现时间。然后计算每次操作的不同参考点之间的相关关系。结果发现，在动作的前半部分，标志点之间的相关性很高（A~D，一直到 1 000 毫秒左右），这一部分即实际上的“引拍动作”阶段。在 1 000~1 400 毫秒的时候，数据差异较大，称为过渡时期。动作的后半部分，即在 1 400 毫秒以后，数据关联性增加，这一部分就是实际上的“击打”阶段。

相对时间的不变性意味着一个动作中多个部位（肌肉）活动的时间关联度高。如果在某一系列的行为的相对时间不变（如标志点之间的关联度接近 1.0），这就表明该行为是由同一个运动程序控制。前面的这个实验表明，在一个持续时间较长的运动中，在开始阶段各标志点的时间关联度很高，但在稍后阶段，标志点之间的关联度降低。一种解释是前期的动作由一个概括化运动程序支配（因为相对时机近似不变），但是，之后就不是了（因为此时不变性不存在了）。也有另一种可能，就是在运动的后期，动作由另一个运动程序控制。

三、伸手 / 抓握运动

有一种常见的单手臂运动协调控制任务是把手移动到某一位置并抓取某物体。这一运动包含两个动作，即伸手和抓握（Reaching and Grasping），这也是体育中常见的一种运动。研究者的兴趣在于这一个动作的两个部分间如何协调，即手臂的移动和手的抓握间的协调控制。在实验室，这一任务通常要求被试用手快速移动，并抓住前方一个静止放置的物体，图 7–3 的合成图片展示了这样的一种运动。研究的变量包括物体的大小、物体离手的距离、手的移动轨迹、手指张开的大小（大拇指和食指的间隔）、动作的时间等。研究发现，在手向目标物的移动过程中，手指并不是一直“等待”直到

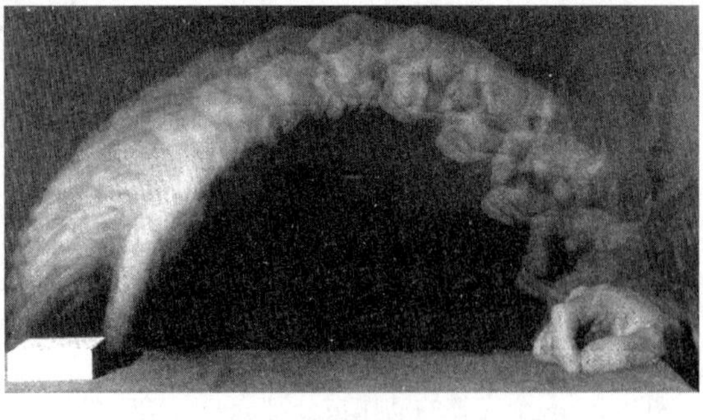

图 7–3 伸出 / 抓握运动的合成相片

（引自 Goodale 和 Servos，1996）

触及目标才张开，而是在接触物体前就张开了。伸手和抓握这两个动作具有良好的协调运动特征，因此，称为“伸抓运动”。通常，手指间距的最大值出现在伸手过程中，并且略大于物体的大小，在手接触物体的瞬间，手指间隙缩小到与物体大小一致。

Wing，Turton 和 Fraser（1986）发现手的移动和抓握运动并不是相互独立的。当目标物突然改变位置、大小或方位时，都会导致移动成分和抓握成分的重新组织。他们还让被试用最快速度、舒适速度以及在睁眼、闭眼等不同条件下完成伸抓任务，结果显示，在睁眼条件下，移动速度加快后手指的张开幅度变大；在闭眼时，手指张开更大。这些发现表明，当被试预测到手臂移动的空间变异增大后，采用增加手指张开幅度的方式予以补偿，以保持动作的成功率。

四、双手协调

双手间的协调与上述的单手协调有些不同。双手可以是相似的动作（如高尔夫挥杆），也可以是两个不同的动作（如拳击中一只手击打对方的同时另一只手防守）。当两只手在同时运动时，两只手之间是如何相互影响的？这是运动协调的一个重要问题。

（一）时间的协调

前一章介绍的菲茨定律解释了肢体移动距离和目标的大小对运动时间的影响。但是，这一结果是建立在单个肢体运动时的实验研究基础之上的。当两侧肢体同时移动，特别是当两侧肢体的任务要求不同时，运动时间会发生什么变化呢？ Kelso 等人（1979）要求被试用两手尽快移动到两个不同的目标位。实验设置了两种目标条件。一个条件是被试移动一小段距离到一个较大的目标（依据菲茨的观点可以把它定义为“容易”任务，难度指数 ID = 0.8），另一个条件是要求移动一段较远距离到一个较小的目标，作为一个“困难”任务（ID = 3.7）。

从菲茨定律可以推断，容易任务中的动作时间将少于困难任务。当双侧肢体同时完成目标指向任务时（双手条件），不管是双手相同完成“困难”任务，或其中一只手完成“容易”任务，而另一只手完成“困难”任务，完成“困难”任务的运动时间大致相同（平均 147 毫秒）。单手完成“容易”任务的运动时间是 98 毫秒，双手同时完成“容易”任务时的运动时间略微减慢（105 毫秒）；在双手运动中，一只手进行“容易”任务，另一只手进行“困难”任务时，完成“容易”任务的运动时间为130毫秒。Fowler等人（1991）的研究增加了另一个难度更大的任务（ID = 5.2），结果发现，当双手完成难度不同的任务时，尽管“容易”任务的运动时间少于“困难”任务，但“困难”任务对“容易”任务有明显的影响。

另一个快速的双手任务实验也支持了这个结论。被试移动双手到相同的距离和相同大小的目标靶，但是在一只手的移动路径中间放置了一个障碍物，因此，这只手必须越过障碍去触及目标物。在这项研究中，障碍物的高度从0厘米到40厘米逐渐递增。运动时间的研究结果如图7–4所示。正如预期的那样，肢体越过障碍物的运动时间随着障碍物高度的增加而显著增加。无障碍侧肢体的运动时间也持续增加。然而，一个重要的发现是，随着障碍物高度的增加，无障碍侧肢体与有障碍侧肢体的运动时间的增加有相同的趋势。对双手运动轨迹的运动学分析显示，无障碍侧与有障碍侧手的运动轨迹非常接近。

这些研究都反映出，双手任务中两只手似乎“锁”在一起，两只手的动作在时间和空间上都有强烈的相似性。

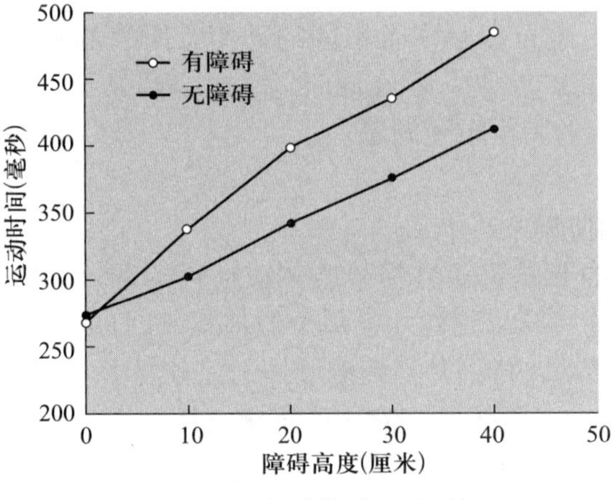

图7–4 两侧肢体的运动时间

（引自Goodman，Kobayashi和Kelso，1983）

（二）空间的协调

在Goodman等人（1983）的研究中，移动路径中遇到障碍物的肢体运动影响了无障碍肢体的运动学特征。运动轨迹显示，尽管两侧肢体并不是镜像映射的结果，但无障碍物肢体也有与肢体绕开障碍物相似的轨迹趋势。还有很多实验范式里也发现空间协调效应的存在。Marteniuk，Mackenzie和Baba（1984）要求被试两只手移向不同距离的两个目标物，结果发现，当一侧肢体移向一个较远距离的目标物时，另一侧肢体趋向于超越一个短距离的目标物；当一侧肢体移向一个短距离目标时，另一侧移向长距离目标的肢体有移动距离不足的趋势。

值得注意的是，在所有这些任务中，两只手会产生相近的运动，只是距离不同或者轨迹有略微的不同，并且，两只手的发力或方向改变的时机几乎是一样的。根据运动程序观点，两侧肢体可能是受同一个程序控制，只是各自的参数有区别。

如果任务要求不同的运动程序时，两者的干扰是否会发生呢？Walter 和 Swinnen（1990）要求被试的双手同时操作两种完全不同类型的任务，其中一只手的移动运动中包含两次“掉头”，而另一只手只做单方向的移动。当这些 800 毫秒时长的运动单独进行时，它们产生的轨迹显示在图 7-5a 和图 7-5c 中。但是，当要求被试同时做两个动作时，复杂动作的操作

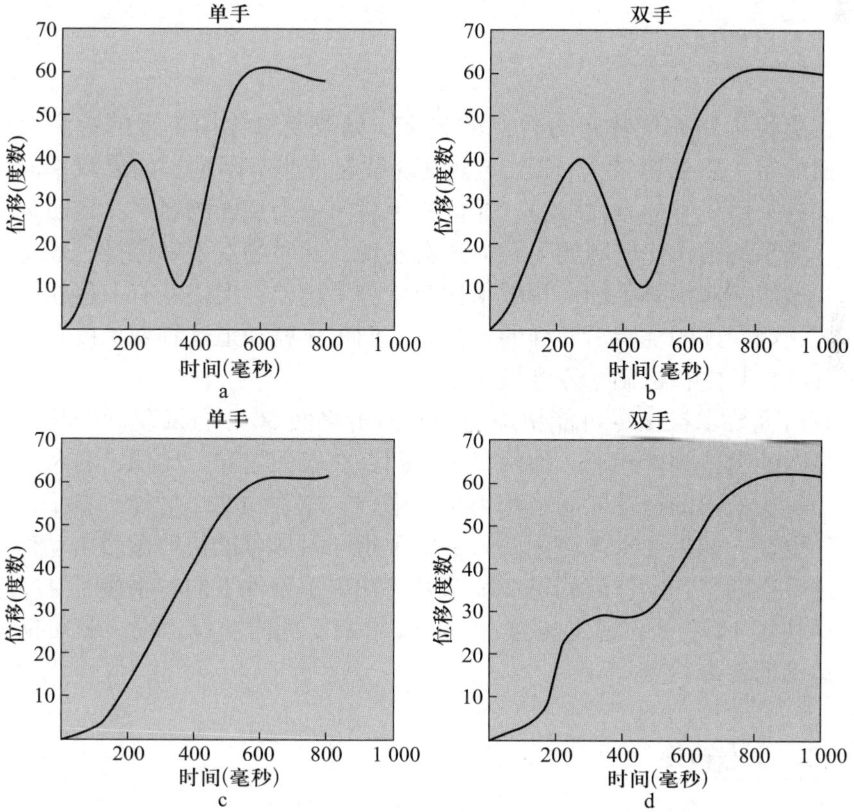

图 7-5　肢体间不同位移 - 时间得分的双手协调效应：反向任务（a 和 b），单向运动（c 和 d），单手操作（a 和 c），双手操作（b 和 d）

（引自 Walter 和 Swinnen,1990）

会影响对简单动作的操作（图 7-5b、图 7-5d）。增加复杂运动的手的用力会增加它对简单任务的干扰，另外还发现，练习能减少这种干扰。

Heuer，Schmidt 和 Ghodsian（1995）在研究中要求被试用双侧的肘关节完成屈伸运动，右臂做一个 70° 的屈伸运动，同时，左臂做一个 60° 的屈伸运动，动作时间（MT）是 400～600 毫秒。被试一开始感到相当困难，经过几百次的练习后，被试就能够很容易地完成动作了。通常，被试能够根据指令加快或减慢整个操作的双手模式，但倾向于同时改变左右手的速度。被试很难用不同的速度同时完成手部运动，如右手加速，左手减速。

第三节 连续性运动技能的协调控制

一、早期研究

在黑板上用非优势手写自己的名字，如果要求你用正常的速度写出一个反面的字（字的镜像），你可能会发现做起来非常困难。如果双手同时书写，优势手用正常的方式书写，非优势手写出一个反面的名字。这时你会发现非优势手的动作比较顺畅了。你还会发现，此时的双手好像被“锁定”在一起。虽然，非优势手的书写效果比起优势手稍差，但仍然有一些相同的特征模式，如同样的绕圈、同样的连笔。人们很早就知道这种现象的存在，但直到现在，其内在机制才逐渐被了解。

有研究要求被试尽可能快地用手指敲击桌面 30 秒，发现同一只手的不同手指间的敲击频率相近，但两只手之间存在较大差异。比如，右利手被试的右手每次敲击的运动时间平均为 181 毫秒，左手约 222 毫秒，右手比左手的动作更快。如果要求被试用两只手的手指同时尽可能快地做敲击动作。结果发现手指的平均动作时间是 208 毫秒，比单手条件下的右手慢了 27 毫秒，比左手快了 14 毫秒。这意味着，一旦要求双手同时协调运动，就可能改变单手运动的许多特点。

二、步态转换

（一）动物的步态转换

关于四足动物步态模式间转换的协调性问题引起了许多研究者的关注。

将脊椎被麻醉的猫放到跑步机上，增加跑步机的速度，猫还是可以完成从走到小跑再到奔跑的动作转换。尽管动物可能不会感觉到它们的腿出现这种特定的步态模式转变，也就是它们并不是有意识地改变其步态模式，但这种转变仍然发生了。

动物是基于什么来选择每种步态的特定速度，而又是什么决定因素使动物转换自己的步态？一种观点是步态的选择和决定转换步态都是基于能量消耗。图 7–6 是对一匹马步态的分析（Hoyt 和 Taylor，1981）。图 7–6 的下半部分的柱状图显示了一匹马本能选择的走、小跑和奔跑时的速度。Hoyt 和 Taylor 测量了马在跑步台上被训练走、小跑、奔跑的不同速度时的能量消耗。图 7–6 上半部分的数据显示，在步态转换的临界点能量消耗都比较高。在走和慢跑的步态模式下都存在一个能量消耗的最低点，此时的速度与马自主选择的地面移动速度相当的一致。因此，能量效率可能被用来作为动物选择一种步态的特定速度和转换步态的决定因素。

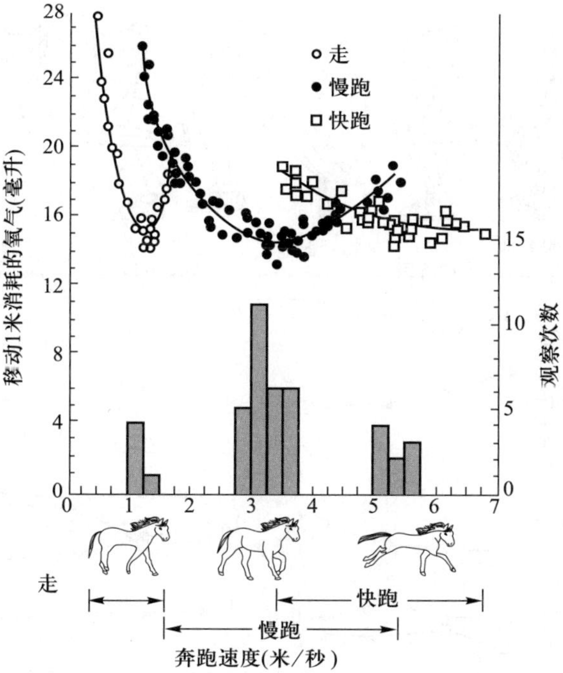

图 7–6 马在走、小跑和奔跑等步态下的氧耗量

（引自 Hoyt 和 Taylor,1981）

（二）人的步态转换

人类有走和跑两种基本步态，从走到跑的步态转换出现在 2~2.2 米 / 秒的速度。这一转换速度点受一些因素影响，如从走到跑的加速运动、从跑到走的减速运动、人的认知状态。基于动物步态转换的能量效率假设，人类的步态转换是否也与能量消耗有关？ Raynor 等人（2002）研究了人类步态转换前与转换后的速度和耗氧量的关系，结果并不支持这一观点。另一个理解步态转换的假设是步态的稳定性，这一观点认为在步态转换临界点，步态往往处于不稳定状态。Diedrich 和 Warren（1995）研究了人在不同速度的走或跑时，髋膝环节和踝膝环节的相对相位的变化，结果发现，逐渐提高步行速度超过步态转换的临界点，髋膝环节和踝膝环节的相对相位的变异加大，即步态不稳定。低于步态转换临界点的慢速跑步同样也显示步态不稳定（图 7-7）。最近，Mohler 等人（2007）的研究发现视觉影响步态转换的速度。他们用跑步机和虚拟现实相结合，调整跑步机速度与不同的视觉情境移动速度

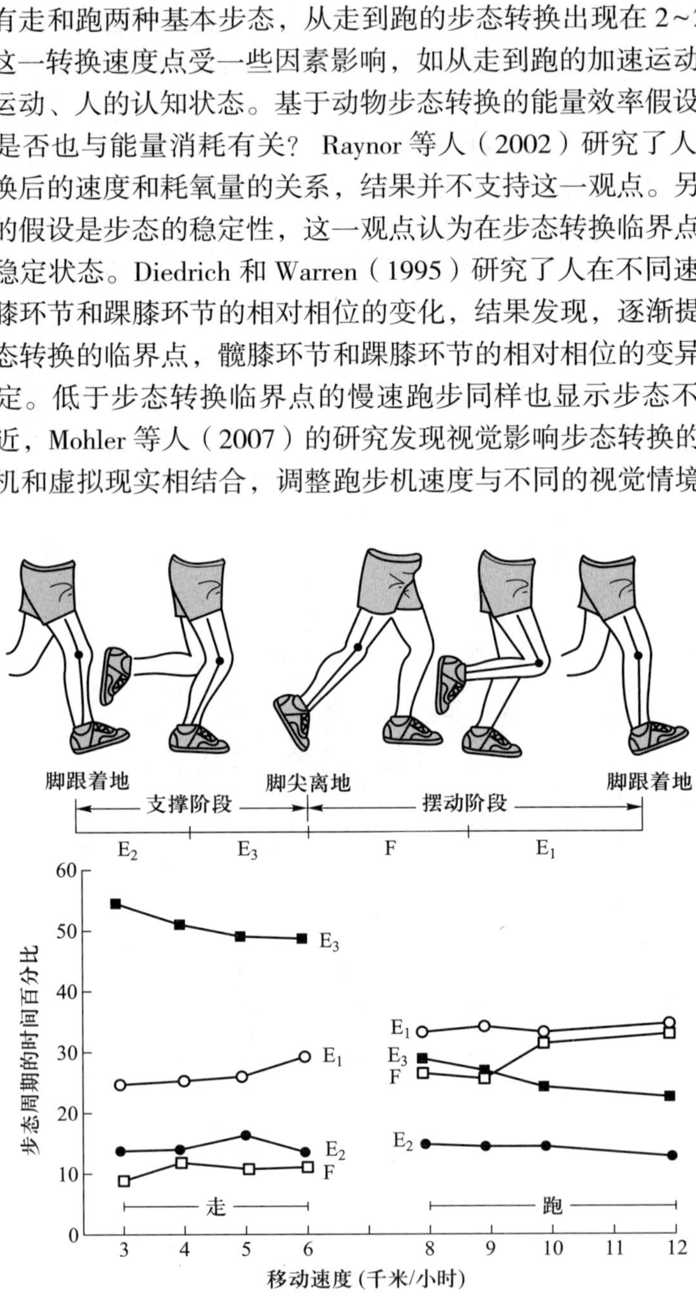

图 7-7　在不同速度的走和跑时踝膝相对相位的变异程度

（引自 Diedrich 和 Warren，1995）

进行组合，结果发现，快速的视觉情境移动降低了步态转换的临界点，而慢速的视觉情境提高了步态转换的临界点。这一发现很难用能量触发假设或步态稳定性假设来解释。因为 Mohler 的实验中跑步机提供相同的速度，对人的生物力学和生理学上的影响是相同的。因此，人类的步态转换以及其他的协调性行为是基于多重感觉信息加工的产物。

三、时间与空间协调

（一）时间协调

在实验室要求被试用两个食指同时在一块平板上轻敲，左手每敲一次的同时，右手敲两次（称为 2∶1 节奏），随后，做 3∶1 和 4∶1 节奏的任务。实验显示，当双手完成频率相同的任务，或者成倍数关系的节奏时相对比较容易做到。当双手的节奏不成倍数关系时，敲击任务就变得非常困难。双手同时进行不同节奏的动作，称为复合节奏。比如，在时间间隔 1 200 毫秒内，一只手连续敲击三次，每次间隔 400 毫秒，而另一只手连续敲击两次，每次间隔 600 毫秒（3∶2 的复合节奏）。这样的任务非常困难，更加难以完成的任务如 5∶2、4∶3、5∶3 和 5∶4 等复合节奏（Deutsch，1983）。

Summers 等人（1993）比较了音乐家和非音乐家在不同复合节奏条件下，手的敲击速度和动作变异系数。实验数据表明，非音乐家的动作变异系数较大，严格的训练可以获得较好的运动表现。

（二）空间协调

如果要求某人一只手摩擦腹部的同时用另一只手轻拍头部，被试的双手都会偏离正确空间轨迹：肢体在执行其中一项任务时有变成另一项任务的趋势，或是两项任务的重新组合。Franz，Zelaznik 和 McCabe（1991）对协调任务的实验研究认为，新组合的运动模式可能是更加自然的协调模式。在他们的实验中，被试用单手或双手同时完成画圆和画直线任务。结果如图 7–8 所示，用单手或双手画同一种图形时，线和圆都能正确地画出来。当双手画不同类型的图时，变异性急剧增加，所画的圆变得更加直线化，所画的直线变得圆起来。

有研究认为，双手完成不同空间任务时的不协调问题的原因之一是两个任务的概念。因此，对双手任务建立整合的概念是实现双手协调的一个很好的策略。

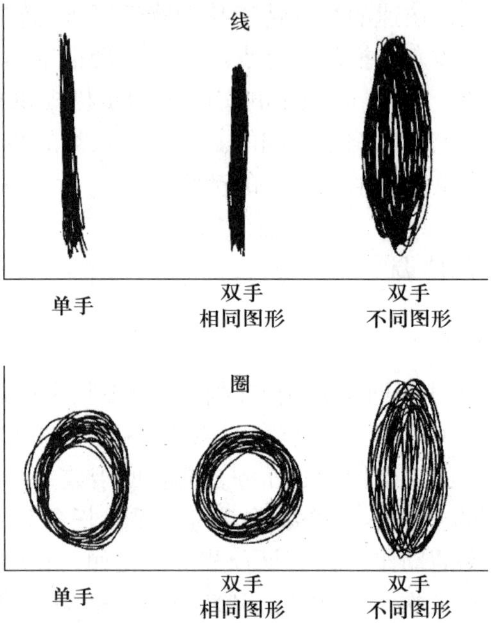

图 7-8 在单手和双手条件下画线和画圈

（引自 Franz，Zelaznik 和 McCable，1991）

四、动力系统模型理论

（一）动力系统模式理论的含义

解释步态转换的另一个理论是非线性动力系统模式理论（Haken，kelso 和 Bunz，1985）。这个理论并没有否认能量需求可能是步态转换的一个原因。但是，它进一步确定了其他触发运动模式变化的条件。在所有这些条件中，变异性是产生运动模式转变的关键因素。

一种步态可以用它的相对相位模型来界定。对该模型可以通过测量整个连续时间段的相对相位的平均趋势（平均值）和变异性（标准误差，SD）来描述。当一种步态转变成另一种步态时，其相对相位模型会经历一段稳定性降低，即标准差增加的时期，这是动力系统模式理论的解释途径之一。根据这个观点，通过某些关键的运动参数（如速度）可以确定运动的稳定性水平。当该参数的增加超过某一模式的临界水平时，相对相位的变异性就增加（表示协调性降低）。对于一些模式如走、小跑，但不是奔跑，当速度增加时，转换成新的步态是重新获得稳定性的唯一方法。

（二）双手协调模式

做一个简单的试验：把手放在胸前，食指尖朝前，然后连续做“捏”的动作，就是将食指和拇指合在一起再分开。两只手都做这样的动作，一秒钟一次。这是一个大家都觉得非常简单的任务。我们会发现，几乎每个人都做出了相同的运动，两只手很自然地趋于相同的节奏做一个循环动作，食指和拇指合在一起，再分开，分开距离加大，直到最大位置，然后缩小，再合在一起。如果测量两只手的循环周期，我们会发现两只手同时完成动作循环。也就是说，两只手的拇指和食指同时接触，同时分开，同时到最大间隙。我们称这样两个循环动作的相位差为 0°，即同相（In-phase）或同步运动。对于这个任务，同相模式被认为是最自然或首选的协调模式。

接下来再做一个类似的动作，按前述相同的速度做捏手指的运动。这次要求两只手轮流做，左手捏一下右手捏一下。我们会发现这个动作也比较容易做到，当一只手的食指和拇指捏在一起的时候，另一只手正好松开到最大间隙。两只手都做着循环的动作，但并不同步。我们称这样两个动作的相位差（相对相位）是 180°，即反相（Anti-phase）或异步运动。

除了同相和反相的运动，还有一些不同相对相位的运动，如相对相位在 60°、90°、150°、210°、270° 等的运动。Yamanishi 等人（1980）的研究要求被试用左手和右手的手指分别敲击左侧和右侧的发光节拍器，记录手指敲击与节拍器发光的时间差。在实验中，设定两个节拍器发光的时间周期，除了同相（0°）和反相（180°）模式以外，还有 8 个中间的相对相位关系。实验的主要结果如图 7-9 所示。以节拍器信号的相对相位为横坐标，敲击动作的时间准确性为纵坐标。结果显示，同相和反相模式比其他任何一种相对相位都有更好的动作准确性和稳定性（变异小）。另外，还存在一个微弱的趋势，就是同相模式比反相模式表现得更好一点。同相和反相这两种模式反映了双手运动在时间方面的自然而稳定的协调模式。

（三）自发的相位转换

尝试另一个小试验：首先按照前文描述的那样双手用缓慢的速度做“捏”的动作（同相模式），然后逐步加速直到最快的动作频率。接下来，用反相模式进行操作，同样从慢到快。Kelso 等人（1986）的实验结果如图 7-10 所示，图中的空心点代表的是反相模式，实心点代表的是正相模式，横坐标是动作频率。图 7-10a 的纵坐标是双手动作的相对相位，图 7-10b 的纵坐标是动作的变异性。图中的数据直观地告诉我们，在双手动作频率较低时，两种模式都能较好地完成目标，而且变异性较小（动作较稳定）。但

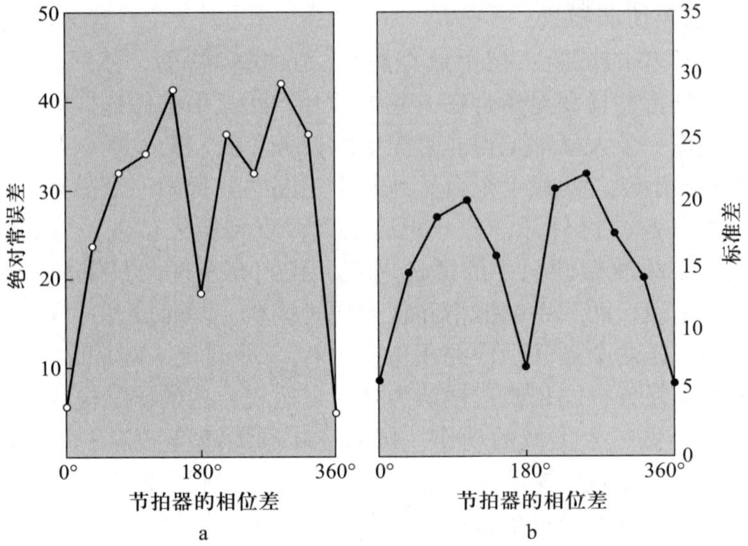

图 7-9 肢体运动在相位抵消的 0° 到 360° 间相对相位的绝对常误差（a）和标准差（b）

（引自 Yamanishi，Kowato 和 Suzuki，1980）

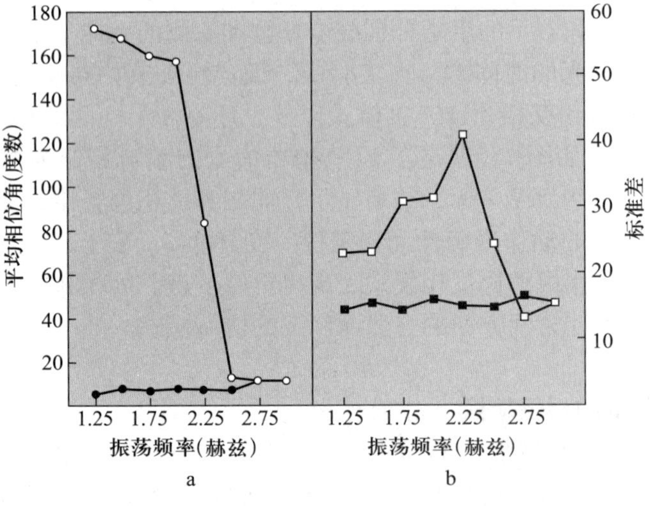

图 7-10 双手协调操作中运动频率与相位转换

（引自 Kelso，Scholz 和 Schoner，1986）

是，当手指运动频率增加时，正相模式的双手运动能够一直保持这种趋势，而反相模式的双手运动出现明显的变化：当动作频率增加到约 2.25 赫兹时，反相模式的运动“跳跃”到正相模式。在图 7-10b 中还可以看到，反相模式的运动大约在 1.75 赫兹时变异性开始加剧。在试验中，要求被试尽量不要改变运动模式，但随着运动频率增加，反相模式很自然地变成了正相模式，这说明正相模式的运动具有更高的稳定性，失去稳定性可能是运动模式转换的触发开关。

双手协调模式的转换现象与前面所讨论的步态转换相类似，但也存在一些差异。比如，在双手协调中，稳定的同相模式运动可以在不同的速度下进行，而反相模式运动只能在较低速度下维持；在双足行走中，步行速度增加导致的步态转换并不是从反相模式转换成正相模式。两者的共同之处在于，无论是双手运动还是双足运动，动作的不稳定是导致相位转换或步态转换的触发因素。

自发的相位转换反映了动力系统模式理论的一个重要原则——自组织概念。自组织反映了运动技能协调控制中存在维持特定模式，在特定的运动参数条件下可以转换成另一种更稳定模式的自然倾向，不需要意识参与。

（四）有意图的相位转换

在上述两种双手协调模式中，同相模式比反相模式更加稳定。运动频率作为干扰运动协调控制的参数，对反相模式运动的影响较大，而对正相模式运动的影响较小。现在再尝试做一次先前的小试验：伸出双手，用较慢的节奏（每秒一次）进行反相模式的捏手指协调运动。当听到口令后，尝试尽可能快地转换成正相模式运动。然后，做相反的过程，尝试着尽可能快地从正相模式转换成反相模式。这类试验结果显示，完成从同相模式向反相模式转换比完成从反相模式向正相模式转换需要更长的时间（Scholz & Kelso，1990）。当用外力干扰动作协调时，可以看到两手协调模式间有相似的差异：在受到干扰后，同相模式比反相模式更容易，也更快速地重新获得。

这些结果的产生原因与先前所讨论的自发的相位转换是一致的。由于同相位模式是一个更牢固更稳定的协调模式，因此，当个体有意识地去尝试做转换时，同相位模式就更容易获得。

（五）自组织理论

Haken，Kelso 和 Bunz（1985）提出了一个重要的模型，被后人称为 HKB 模型，对运动控制研究领域产生了极深刻的影响：① 在较低的运动频率下，同相模式和反相模式都有较好的稳定性。这样的系统具有两种稳定的协调状态，称为双稳态结构。② 在较高运动频率时，只有同相模式保持稳定状态，反相模式会变得不稳定并转换成同相模式。因此，系统经历相位转换从双稳态变成单稳态的协调结构。③ 反相模式转换成同相模式的过程是突然的和实质性的，属于非线性的变化。④ 相位转换受外界触发，如增加动作的频率，称为控制参数。⑤ 反相模式在临界区域（Critical Period）的不稳定导致非线性相位转换的急速变化。HKB 模型的主要观点是用自组织系统这一概念解释这类运动协调现象。基于自组织系统，Haken 等人认为，运动的自由度受运动模式的支配，会随着模式的质变（失稳与跃迁）而改变。与运动控制的认知理论相比，自组织从另一个角度解释了运动技能的协调控制。这个观点认为，在与环境交互的情景中，系统自己对自由度进行组织，认知的作用被弱化，自组织就像一个没有指挥的乐队。

HKB 模型与其他理论的主要区别是它强调运动控制中变异性的作用。前一章曾经讲述过，在速度与准确性的权衡关系中，变异性的增加意味着运动控制系统的效率降低。在 HKB 模型中，变异性被看作是系统当前状态的一个特征，系统的不稳定将增加状态变化的概率，通过变化可以获得更加稳定的状态。HKB 模型对协调控制的研究产生了很大的影响。

（六）自组织与意向

自组织过程强调运动模式组织过程的自然动力性，但也不否认同时有意识决策的存在。从反相运动开始，当运动频率增加时，会有一个强大的趋势使运动转换成同相模式。如果要求被试任其自然而不用意识干预，转入同相模式的过程就会顺利完成，同时，新的同相模式会得到持续（Kelso，1984）。但是，如果要求被试时刻保持原有的运动模式时，增加动作频率尽管会导致在某些时间序列中“侵入”一些同相运动，但是这种状态并不稳定，反相模式还会得到较长的持续（Lee，Blandin 和 Proteau，1996）。

一种观点认为自组织机制减少个体对动作决策的意识控制，释放注意容量以用于其他地方，如果被试受到意识干扰，自组织还可以自动地使运动系统继续工作。

第四节 其他类型的协调

对连续性运动技能和非连续性运动技能的研究均发现，即使在一定干扰的情况下，双手间也能够表现出特定的协调类型。身体两侧的镜面对称动作的生物力学优势可能是同相模式比反相模式更加稳定的原因之一。另一个可能的原因是同相模式包含的是一致性肌肉群激活，而反相模式包含的则是交替性肌肉群激活。探索这类问题的方法是检测各种不同肢体间协调模式的稳定性。当身体的其他部分配对时，是否存在首选的协调模式呢？如果有，是否与双手协调模式有共同的特征呢？

一、上肢和下肢协调

在体育运动中，大量的运动技能需要运动员同时控制自己的上肢和下肢运动。上下肢的协调运动与双手协调运动有相似之处，也有一些自身的特点。在上下肢协调运动中，占优势的运动模式是基于方向优先的（两部分肢体向同一方向运动）。Baldissera，Cavallari 和 Civaschi（1982）的研究中，要求被试踝关节做向上（跖屈）和向下（背屈）的运动，同时，腕关节也做屈和伸的运动。当前臂处于仰卧状态（手心向上）时，手和脚相同方向运动（跖屈时伸腕，背屈时屈腕）的协调性比反方向运动具有更好的稳定性。然而，当前臂处在俯卧位置时（手心向下），反方向的运动模式具有更强的稳定性：踝关节跖屈时屈腕，背屈时伸腕。对上下肢间协调模式的研究表明，较稳固的协调模式主要是同方向的运动，而不是屈—屈或屈—伸的组合。这些不同强度的协调模式证据与先前讨论过的双手协调模式相似：较弱的协调模式总是有较大的相对相位的变异性，常常不知不觉地转化为更强的协调模式。

关于前面讨论过的双手运动，有人认为同相模式的双手协调更稳定是因为它所涉及的肌肉群工作具有相同的时间模式（同时屈、伸），因此，反相模式（同方向运动）比起同相模式（反方向运动）的协调性要弱。但这样的结论不能解释 Baldissera 等人的研究发现，因为，踝与腕的屈伸运动的协调模式会受前臂位置（俯卧或仰卧）的改变而改变。在空间瞄准任务中，单手的腕肘协调运动模式也有类似的现象（Buchanan，Kelso，1993），协调模式的稳定性并不是取决于是否使用特定的肌肉群，而是取决于动作的空间指向。

Kelso 和 Jeka（1992）对两侧肢体间协调性的空间方向效应做了进一步研究。以矢状面运动为例，成对肢体运动存在三种组合类型：相同的成对肢体（左臂和右臂、左腿和右腿）、同侧的成对肢体（左腿和左臂、右腿和右臂）、对角的成对肢体（左腿和右臂、左臂和右腿），如图 7–11、图 7–12 显示。研究发现，同侧的成对肢体间的同相运动比反相运动更加稳定。在反相运动时，对角的成对肢体的协调性要好于同侧的成对肢体。

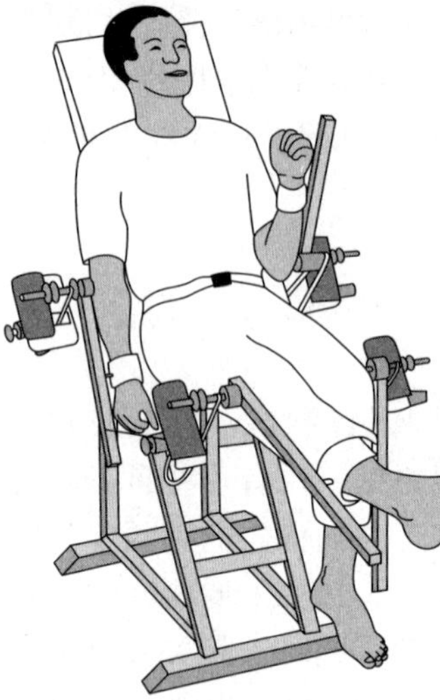

图 7-11 上下肢协调运动的测定装置

（引自 Kelso 和 Jeka，1992）

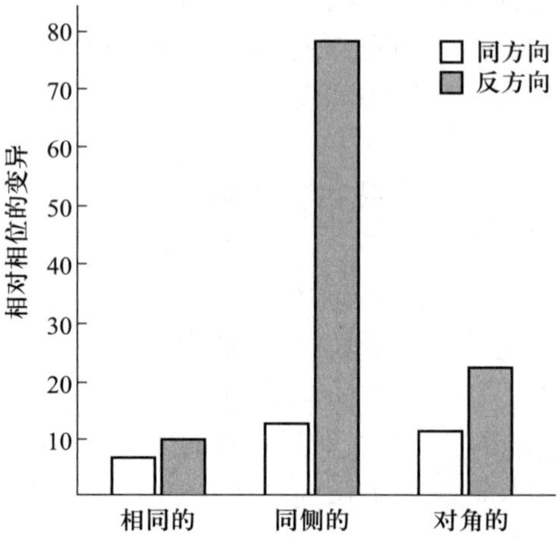

图 7-12 不同成对肢体间相对相位的标准差

（引自 Kelso 和 Jeka，1992）

这个实验还显示，在矢状面完成双手或双脚协调任务时，同相运动与反相运动具有一样的稳定性。这个结果与先前讨论过的在冠状面上的双手协调运动的研究结果不同。因此，这些发现表明，运动协调取决于许多因素，并不只是由运动的几个效应器决定，还涉及它们的运动方向、运动平面与物理环境、预期目标等的交互作用。

二、双人间的协调性

同一个体的不同肢体间的协调模式显然是受共同的神经传导通路影响，但是不同个体间的运动行为是否也存在类似的协调模式呢？在体育运动中，同伴间的协调控制常被称为配合，通常有一个明确的共同目标。比如，乒乓球、羽毛球的双打，足球、篮球、排球等集体项目中队员间的配合。共同的外显目标意味着需要两人或多人共同完成特定的仅靠一人无法完成的任务。在此之前，个体们通常需要按“剧本”进行充分的练习或排演。因此，在某种意义上，团体间的协调运动似乎也受概括化运动程序（GMP）的控制，即提前对动作的顺序、时机进行计划，程序既有不变的成分也有可变的参数。在一个运动队中如何提高队员间的协调配合是运动心理学中的一项重要研究内容。

比如，Schmidt，Carello 和 Turvey（1990）要求被试和另外一个摆腿的人建立时间性协调的摆腿运动。两个被试共同的目标类似于 Kelso 的双手手指摆动任务，而且结果也类似：反相模式有更高变异性，比同相模式更难以维持高频率运动。这些发现的重要性是，在这些运动协调时也会出现一系列类似的效果，尽管每个单独的运动被不同的神经系统控制。

个体间的协调运动也可能基于内隐的共同目标。这种内隐性意味着当个体都有自己独立的目标时个体间无意识地形成某种协调。这就非常类似于一种自组织系统，因为，这种协调往往是在没有特定的意图和目标情况下产生的。多人间的协调在本质上与个体内的运动协调有所不同。在特定的协调模式中，个体内的多肢体运动存在被“锁住”的现象，称为绝对性协调。个体间的无意识协调特点是其相对相位接近一种合理的协调模式，这种相对相位并不是在各个时期都能被“锁住”的，因此，被称为“相对性协调”。

体育运动中对手间的攻防关系是一种协调吗

思考题

1. 简述双手快速协调运动中的特点。
2. 简述双手实施连续性运动技能时的时间与空间协调的特点。
3. 简述上下肢协调运动的特点。
4. 简述双人间协调运动的特点。

第八章

运动技能学习概述

本章导读

人类一生要学习很多技能，如要学习穿衣、吃饭、走路、骑车，更要学会各种职业技能操作和专业工具的使用，只有达到较高的技能操作水平才能成为优秀者。运动技能学习是指通过长期的练习或经验，使个体动作操作能力发生相对持久改变的一系列内在的过程。运动技能学习的内在规律是相通的，都遵从共同的学习理论规律，既有相似的学习阶段与特征，也可以通过科学的测量来评价学习的效果与问题，这不仅对于体育教学与训练领域意义重大，还能够为康复领域和物理治疗提供指导与启发。本章将对运动技能学习的概念、阶段、基本特征、基本理论，以及如何进行运动技能学习的测量与评价进行探讨。

学习目标

1. 掌握运动技能学习的概念，熟悉运动技能学习的阶段、基本特征。
2. 熟悉运动技能学习的理论。
3. 掌握运动技能学习的测量与评价方法。

第一节 运动技能学习的概念、阶段与基本特征

一、运动技能学习的概念

从运动技能的定义，我们知道运动技能是通过练习获得的。一般来说，人类的运动技能只要进行一定时间的练习，其技能绩效水平就能得到改善。技能绩效的变化可以通过一些方法进行测量，如测定篮球运动员的投篮命中率或给体操运动员的动作打分。但是，技能绩效的改变等同于运动技能的学习吗？有很多因素会影响技能绩效而不是技能学习。比如，疲劳会影响技能绩效，疲劳消除后，技能绩效又会恢复到原来水平（马国强等，2011）；焦虑情绪也会对技能绩效造成影响，通过心理训练可以使焦虑水平降低，进而提高技能绩效（任杰等，2005；于兆杰等，2000）。除此之外，运动员的比赛动机、自信程度、适应性，教练的安排，观众的情绪等都会影响技能绩效（汪若浩，赵建，2011）。因此，作为运动技能的指导者来说，区分技能绩效和技能学习是非常重要的。

运动技能学习（Learning）是指个体通过练习或经历而导致某种技能绩效的潜在的、相对持久的变化。要掌握这一概念，必须理解其中的三个含义，一是由练习或经历引起；二是潜在的；三是相对持久的。基于这三个方面的绩效变化才能反映学习。

（一）由练习或经历引起的变化

学习是练习或经历产生的结果。绩效的提高依赖于多种因素，但与学习有关的只有练习和经历。比如，随着孩子的成长，他们的绩效也会随之提高，但这一成长由于与练习无关，因此，这种绩效的变化不属于学习。同样，随着年龄增长，肌肉力量得到增强，也能提高足球运动员的绩效，但这一变化也与学习无关。

（二）潜在的变化

绩效是可观察的行为，而学习不能直接观察，只能通过绩效的变化进行推测。在练习过程中，中枢神经系统会产生多种变化。比如，运动既可以通过调节神经营养素，增强突触和认知的可塑性，也可以通过神经系统固有的、BDNF依赖的突触可塑性而实现神经功能的恢复（于动震，陈佩杰，2010）。这些变化会对技能绩效产生比较持久的作用。我们能观察到学习的

结果，而产生这一结果的过程一般不能直接观察到。比如，棒球运动员通过练习，提高了击球的技能水平，其潜在的过程包括：① 为了判断在何处接球最佳，需要分析外界感觉信息。② 为了击出有威胁的球，需要选择合理的击球动作和对运动的各种参数进行调整。③ 形成有效的击球运动程序，并通过脊髓传送至效应器。④ 在运动过程中的动作修正。这些过程还只是导致技能绩效变化的几个重要环节，技能的学习可能发生在中枢神经系统的各个层面。由此可见，虽然这些基本过程不能被直接观察到，但学习的结果可以观察到，即这些基本过程的变化导致运动技能产生变化，而运动技能的变化又是以绩效变得熟练的形式表现出来的。

（三）相对持久的变化

如果要将技能绩效的变化视为学习的结果，那么，必须鉴别这一变化是否是相对持久的变化。因为，许多因素都在时时刻刻影响着绩效的变化，如药物、睡眠、环境气氛、紧张应激，但这些因素对运动技能绩效的影响只是暂时的。练习将促使技能绩效产生持久的变化，而且，个体通过练习所获得的运动技能将成为个体自身的一部分，持久存在，并在必要时发挥作用。人类的学习像是煮鸡蛋，生鸡蛋煮熟后，其状态发生变化，而且是持久的变化。因为，即使将熟鸡蛋的温度变冷，它也无法回到原来的状态。个体因学习而产生的变化，即使在其他条件（状态）改变的情况下，或经过一段时间后还能够表现出来。不妨这样认为，学习过的人已经不是学习前的人了。

此外，由学习引起的绩效变化是相对持久的变化这一观点促使研究者开发测量学习的新方法，如技能练习后间隔不同时间的保持测试和迁移测试（王晓波，章建成，2009）。由于这些新方法能够识别暂时变化与较持久的变化之间的区别，因此，也促进了一些新的指导方法和练习方法的产生。这些新的指导方法和练习方法将在后面论述。

操作绩效和运动技能学习的区别如表 8–1 所示。

▶ **表 8–1 操作绩效与运动技能学习的区别**

	判断依据	持续性	来源	影响因素
操作绩效	直接观察到的行为	暂时的	可能不是由于练习或经验而产生的结果	可能受绩效变量的影响
运动技能学习	通过操作绩效加以推断	相对持久的	一定是练习或经验的结果	不受绩效变量的影响

（引自 Migll，2011）

学习的迁移是运动技能学习和表现的组成部分。通常而言，运动技能学习的迁移有两种情况：一种是前期经验对学习新的技能的影响，另一种是前期经验对在新环境下执行原技能的影响。根据上述迁移对动作技能绩效的影响，可以将其划分为正迁移、负迁移和零迁移。通常而言，正迁移是学习者最愿意看到的，而负迁移则是学习者最不愿意看到的，人们可以通过练习去克服负迁移。零迁移不代表没有迁移发生，而仅是说明在所采用的评价方法中，迁移没有被观察到，或者正负迁移同时发生而被抵消。

二、运动技能学习的阶段

尽管运动技能学习不能直接测量，但其外在表现的一般特点是技能绩效随着练习的增加而逐渐提高。由于技能绩效的变化是持续不断的，因此，很难将技能学习过程明确地分成几个阶段，或者说不同阶段之间并不存在明确的界限。但是，在技能练习的不同时期还是存在一些绩效特征上的差异。为了对技能学习的内在变化有更深入的了解，使指导者更有效地对不同熟练水平的练习者进行指导，可以人为地将技能学习的过程分成若干阶段。在此，本书将介绍 Fitts 和 Posner（1967）提出的运动技能学习三阶段模型。

（一）认知阶段

这一阶段是学习新动作的阶段。在这一阶段，练习者主要是对动作操作进行认知。比如，对操作对象的判断，对具体操作方法和过程的理解，对操作结果的评价等。这一阶段的操作结果主要表现为技术动作不合理，时机掌握不当，力量控制不好，稳定性较差。在这一阶段，学习者对信息接收的程度是粗放的，接收方式是视觉优于肌肉运动感觉。因此，指导者应采用语言指导、动作示范、放录像等方法，使练习者掌握大概的动作方式。同时，练习者的自我对话也很有效，即在动作操作过程中自己不断地用言语修正动作操作的错误。

（二）联结阶段

这一阶段是认知与运动联结的阶段。在这一阶段，练习者对动作操作的认知已基本掌握，逐渐向运动方式的组织化过渡。练习者的绩效显著进步。具体表现为技术动作趋向合理，能根据环境变化的规律掌握适当的时机，生理能量的过度消耗减少，力量控制适当，预测能力提高，动作之间的连贯性增强，能通过内部反馈监测动作误差。在这一阶段，练习者对信息的接收程度转向精细，接受方式是肌肉运动感觉优于视觉。因此，指导者要注重通过练习者的内部反馈，促进其监测动作细微误差的能力。在时间上，这一阶段比认知阶段要长，即使是掌握单个动作的运动技能也需要几周或者几个月，学习能力较差的练习者则需要更长的时间。

（三）自动化阶段

通过大量的练习，练习者的运动技能逐渐进入自动化阶段，在这一阶段，练习者对环境的知觉分析的自动化程度增大；运动程序已经形成，可连续控制多个动作；注意需求减少，可进行比赛的战术思考，以及对动作美的表现等高层次的认知活动；动作误差的自我检测能力进一步提高。因此，指导者在提高练习者的知觉判断准确性、动作误差自我检测精细化的同时，还要提高其战略意识和战术思维能力。此时，虽然绩效提高得较慢，但学习并没有结束。

需要注意的是，运动技能学习阶段的划分是相对的，虽然现在将运动技能学习的过程划分为不同的阶段，每一阶段有其鲜明的特点，但应注意的是技能学习的过程是连续的，阶段与阶段之间并没有明显的界限。

三、运动技能学习的基本特征

（一）绩效的进步幅度变小

从运动技能学习的初期到熟练阶段，最显著的变化就是动作操作的绩效逐步提高，并表现为典型的负增长模式，即在运动技能学习的早期，学习者的操作绩效在单位时间提高很快，但随着练习的进行，学习者单位时间操作绩效提高幅度则逐渐减小。Chen 等人（2005）研究发现，通过练习，被试完成该任务所用的时间越来越短，在练习的前两天进步很快，但在随后的练习中进步幅度逐渐减慢，表现出典型的练习幂定律现象。出现这一现象的原因为在运动技能学习的初期学习者所犯错误很多，这些错误很容易在较短时间内加以改正，表现为学习者能够在较短时间内获得很大提高；随着学习的进行，尤其是在学习的后期，个体所犯的错误越来越少，而且改正这些错误也越来越困难，表现为相同时间内学习者技能提高的速度越来越慢。

（二）动作协调性越来越好

动作协调性是指构成技能的各动作之间时机正确、动作方向及速度恰当、平衡稳定且有韵律性。在运动技能学习过程中，学习者的动作协调性也发生了变化，表现为动作协调模式不断完善并逐步稳定下来，操作更加一致且高效，外显的操作绩效逐步提高。例如，对于篮球单手肩上投篮技能的学习，在学习的早期阶段，学习者的目标是建立正确的投篮动作协调模式，此时操作绩效会表现为在固定场地偶尔投中，随着不断的练习，学习者的协调性越来越好，动作协调模式越来越完善且稳定，表现为投篮命中率越来越高，越来越稳定。

（三）新的协调模式趋于稳定

在学习过程中每个人都会形成自己习惯化的行为方式。当人们学习一项新技能时，通常先判断它与人们已经掌握的技能在操作上有哪些相似之处，然后利用已有的、习惯化的运动技能来尝试操作所要学习的新技能。例如，当一个经验丰富的棒球运动员第一次打高尔夫球时，通常会使用一种与棒球击球相似的摆动动作。同样，有经验的网球运动员第一次打羽毛球时，会借用他们熟练的网球技术。

当人们需要改变已有的动作模式来操作新技能时，某些习得的动作模式便会迁移到新的目标动作模式之中。Lee 等（1995）开展的双手控制两个杠杆在电脑屏幕上画椭圆的实验就很好地说明了这种迁移的存在。这个研究中，被试刚开始进行这项技能的学习使用的就是自己已有的动作模式，要实现新技能的学习，被试就必须改变这些已有的动作习惯，这种改变需要大量的练习，而实际的练习量因人而异。此外，已有的运动模式向目标模式转化的过程中具有明显的“稳定—不稳定—稳定”的特征。通过大量的练习，已有的运动模式与新获得的目标运动模式就可以通过独特和稳定的动力学特征区分开来。

（四）参与肌群的优化与重组

练习除了可以导致运动技能协调模式的变化外，还会使参与动作的相关肌肉群发生变化。研究者通过肌电分析发现，在运动技能学习的初期，学习者普遍存在肌肉使用不当的现象。首先是使用的肌肉数量比动作任务的实际需要多，其次是各肌肉组织激活的时间顺序不合理。但随着练习的进行，参与动作操作的多余肌肉群数量逐渐减少，最终达到正确激活肌肉群，肌肉群被激活的时间顺序变得更加合理。很多竞技体育项目的运动技能学习都发现了这些肌肉群活动的变化，如体操项目中的单膝回环动作（Kamon 等，1968）、定点投球动作（Vorro 等，1978）、标枪投掷动作（Jaegers 等，1989）、羽毛球的扣杀动作（Sakuari 等，2000）和击剑的突刺（Williams 等，

2000)。此外，许多实验室研究也发现了动作相关肌肉群活动的变化，这些实验室的动作任务包括复杂、快速的手臂运动和手动瞄准任务（Schneider等，1989），以及某些简单、快速的肘部伸展任务（Gabriel等，1998）和手臂伸展任务（Moore等，1986）等。

当个体学习一项新运动技能时，肌肉的动作控制系统会进行重组。通过恰当的组织肌肉激活，动作控制系统还可以利用环境的物理特征，如万有引力或其他物理定律，来降低动作控制系统的工作量，这也为顺利完成该技能操作奠定了基础。

（五）能耗节省化

练习不仅可以提高动作操作的熟练性，还能引起自身能量消耗的变化，提高能量消耗的经济性。对于同一项技能操作而言，学习初期往往会消耗更多能量，而学习后期往往能量消耗较小。运动技能操作需要消耗两种能量，一种是操作时消耗的生理能量，可以通过动作操作过程中的耗氧量来测量，也可以通过动作操作过程中消耗的热量来评价；另一种是操作过程中的机械能，可以通过个体的工作效率除以代谢率进行计算。学习者动作操作的能量消耗随着练习而减少已经得到了许多研究的证实。例如，Almasbakk等人（2001）研究发现，经过几天在复杂的障碍滑雪模拟器上练习，在练习的过程中，学习者的耗氧量逐渐降低；使用赛艇测力仪进行划船练习的研究也得出了类似的耗氧量减少的结论（Lay等，2002）。

（六）注意特征进一步优化

在运动技能学习过程中，学习者的注意特征也发生了变化，主要表现为选择性注意的变化和有意注意的变化。视觉在运动技能学习和控制中发挥着重要作用。初学者在开始阶段通常会注意很多目标，视觉注意较为分散，无法集中于动作操作相关的重要线索上，但随着练习的进行，学习者会把视觉注意逐步转移到更有利于动作操作的信息上，而且能够在恰当的时机进行视觉注意。这种视觉注意的时机在动作操作过程中非常重要，它可以为个体选择和执行一个所需动作赢得更多的时间。

Savelsbergh等人（2002）对运动技能学习过程中不同阶段的学习者视觉选择性注意的特征进行了实验研究，研究发现，专业守门员对对手踢球情境的注视次数较少，注视持续时间较短。专业守门员减少了视觉信息的总量，而从最相关的情境中提取了更多的信息。当踢球者开始接近球到最终触球时，专业守门员的注视点依次为踢球者的头部、非踢球脚、踢球脚、球移动，他们很少注意踢球者的其他身体部位。而新手则会花更多的时间注视对手的身体躯干、臂和臀部，却花费较少的时间注视踢球者的头部、非踢球脚、球本身。当对手的脚触球时，专业守门员注视球的时间为新手的两倍多。

除选择性注意的变化外，学习者操作动作过程中对有意注意的需求也发生了改变。有意注意是自觉的、有预定目的的，需要一定意志努力的注意，具有指向性和集中性特征。在运动技能学习的早期，学习者有意注意需求非常大，几乎需要对技能操作的每一环节都给予注意，但随着练习的增多，学习者的操作越来越熟练，技能操作过程中有意注意的需求逐渐减少，最终达到近乎不需要有意注意的自动化程度。

（七）觉察错误与纠错能力的逐步提高

运动技能学习除了提高操作的熟练性外，还可以提高学习者自我觉察错误和纠错的能力。对错误的识别可以作为反馈信息用于动作的校正，但能否使用这种能力受操作时间的限制。若动作较慢，个体就有足够的时间来识别错误并获得反馈，再与标准参数进行比较，然后做出判断和校正动作，这好比接一个长传球，随着练习的增多和错误觉察反馈的调整，错误将逐步减少，即接球成功率逐步提高。而对于较快的动作，虽然单次动作无法利用觉察错误的反馈，如乒乓球的发球，发球运动员很难利用反馈重新调整动作，但这种觉察错误信息可以用于下一次的动作执行和校正，最终使得自己的错误觉察能力得到不断发展。专家和新手处理信息的方式以及觉察错误的速度不同，新手偏爱使用飞行物体的视觉反馈，而专家在物体离开手时甚至之前，就可以通过监测本体感觉反馈信息来觉察错误（Beek 等，1995）。这就说明了“专家”和“新手”的差异，即“专家”可能具有根据本体感觉信息快速和有效校正动作错误的能力，而“新手”在运动技能学习初期，更多地将视觉信息作为觉察和校正动作错误的主要信息源。

（八）大脑神经可塑性的改善

大脑神经的可塑性是指大脑神经由于阅历经验变化而发生变化的能力，涉及神经自身的重组能力和形成新的神经连接两个方面。在个体发育的早期，神经的可塑性表现为神经突触的增生，神经元以新的方式重新联接，以适应新的操作要求。研究发现，人的大脑神经具有惊人的可塑性，那些先天性失明的盲人能通过声音来感知空间，实现以耳代目，这是因为盲人将正常情况下与眼睛相连的视觉信息处理与空间感知脑区和处理声音信息的脑区建立连接所致。

与运动技能学习最密切的大脑结构是纹状体、小脑、前额叶的运动皮质区、运动皮质前区和运动皮质区，这些脑区构成了两个不同的皮质—皮层下回路，一个是皮质—基底节—丘脑皮层环路，另一个是皮质—小脑—丘脑皮层环路（Doyon，2003）。这两个环路的主要区别是一个涉及基底神经节，而另一个涉及小脑。在运动技能学习的初期，皮质—小脑—丘脑皮层环路参与较多，运动技能学习的联接阶段，基底神经节，尤其是背腹侧和大脑皮质的下顶叶参与较多，而自动化阶段，动作操作由纹状体和相关的运动皮质区组成的分布式神经系统控制（Doyon 等，2003）。人类大脑的神经具有可塑性，与运动相关的脑活动及其高级认知加工过程受到长期感知和运动训练的影响。运动员之所以比非运动员反应更精确、更有效率、更加自动化，是由于在长期的运动训练和比赛中，运动员大脑的可塑性和适应性的变化导致大脑神经加工效率提高（徐立彬，李安民，2013）。任务操作的熟练水平对大脑可塑性具有显著性影响，与熟练程度相关的运动或任务，能够增加损伤脑皮层区的血流量，增加神经的可塑性和损伤后急性期的恢复。

（九）不变操作特征的内化

运动技能学习过程中除了具备上述的各种变化特征外，还有部分保持不变的特征。学习者在动作操作过程中需要依赖特定的感官提供信息反馈，在整个学习过程中学习者所依赖的感觉反馈信息源保持不变，也就是说，如果在学习开始阶段使用的是视觉反馈，那么在操作熟练的后期，学习者仍以同样的方式继续使用视觉反馈。Proteau 等（1993）对这种反馈信息的依赖性进行了实验研究，结果表明练习并没有减少被试对视觉反馈信息的依赖，而是增强了对视觉信息反馈的依赖。在学习后期，个体的操作水平不断提高，但对特定感觉信息反馈源的依赖性不降反增，可能是特定感官的信息反馈已经内化成为大脑中动作表征的组成部分，当个体在缺失这种感觉反馈信息的情况下操作技能时，操作环境中可利用的感觉信息与记忆中的感觉信息不一致，使得从记忆中提取的动作表征不是最佳的动作表征，从而导致操作绩效降低。

第二节　运动技能学习的理论

在运动技能学习研究领域，有不少理论试图解释运动技能学习的规律，但一般认为，以下两种理论对揭示运动技能学习的规律作出了重大贡献。一种是 Adams 在 1971 年提出的闭合环路理论（Closed-loop Theory），另一种是 Schmidt 在 1975 年提出的图式理论（Schema Theory）。此外，动力系统理论也得到越来越多学者的关注。

一、闭合环路理论

该理论认为，运动技能学习是在一个闭合环路系统内进行的，即刺激先输入到比较器，经过比较器加工后的信息传至执行系统，然后，通过效应器输出运动结果，再由一个反馈链将结果信息反馈至比较器进行储存，从而形成刺激与反应的一对一联接关系。运动技能学习就是在这样一对一联接关系中产生的。

该理论强调，在比较器内有两种痕迹，一种是知觉痕迹，另一种是记忆痕迹。知觉痕迹存有过去准确运动的记忆，它根据外界的刺激信息和自身的感觉系统的反馈对运动对象做出判断。知觉痕迹因练习和结果反馈而得到不断加强。记忆痕迹则负责选择和发动自身运动，它也随练习得到增强。但这一理论有三个局限性：① 该理论只适合解释简单的、较慢速（至少是 150 毫秒）的运动，因为在快速运动中，操作者不可能得到反馈信息。② 该理论无法解释个体为何常常能够做出以前从未练习过的动作反应，比如，因飞机发生故障，飞行员成功地进行紧急迫降。③ 大脑中储存一对一联接关系的假设令人怀疑，因为，人的一生所做的各种运动简直是无法计算的，而且严格地说，每次运动都不可能是相同的，如果这些运动都以一对一的关系被储存，那么人的大脑能否储存了这么多的关系式。

二、图式理论

图式理论认为，大脑中储存的不是一对一的关系，而是一种运动图式，这种图式是一套运动法则。练习者从每一次的运动经历中抽象出四方面的信息：一是与反应有关的最初条件信息，如任务的环境条件、有机体所在位置。二是发出反应所需的信息，如运动方向、速度、力量。三是反应结果的感知觉信息，如肌肉对运动结果的本体感觉。四是运动结果的自身信息，即实际运动结果与预期结果是否一致的外在反馈信息。随着练习的增加，这些信息逐渐被综合成控制运动的直线相关图式（图 8–1）。当要操作某个新任务时，个体根据这一图式进行预测，并做出适当的反应。

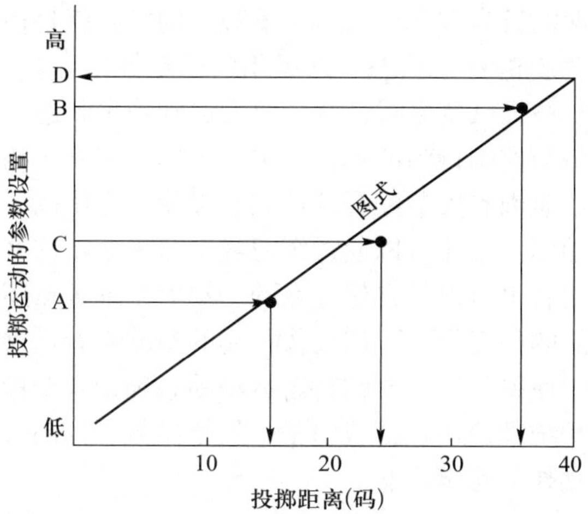

图 8-1　运动技能学习的图式理论

（引自 Schmidt 和 Wrisberg，2008）

该理论认为，运动图式由再认图式和再现图式构成。再认图式使操作者通过预期感知觉信息和实际感知觉信息进行对比，评价将要做出运动的准确性，并加以修正。再现图式确定所需的运动反应，编制具体操作的运动程序，并使运动得以执行。与闭合环路理论相比，图式理论既适用于快速运动的控制过程，也较合理地解释了运动员在变化莫测的比赛中能够成功运用从未练过的新动作的事例。例如，一项研究发现，建立图式的实验组在运动技能学习后遗忘得较少，而未建立图式的对照组在学习后遗忘得较多，证明了图式在运动技能的形成和保持中的积极作用（毕道远，1999）。

三、动力系统理论

动力系统理论的基础是多学科性的，涉及物理学、生物学、化学、数学等。这种理论认为，人类的运动控制是一种复杂的系统，其行为方式与那些复杂生物或物理的系统相似。作为一种复杂的系统，人类动作控制是从非线性的动力学观点的角度来解释的。这就意味着，行为在时间上的改变不是持续的、线性的过程，而是突然发生变化的。例如，在物理学领域，当水的温度逐渐升高时，水就会在特定的温度（100 ℃）沸腾，水的性状突然发生改变。这种类型的改变，就是一种非线性行为。

动力系统理论关注的是在一个特定变量的影响下，一个系统是怎样从一种稳定状态改变到另一种状态的。在人类协调运动中，变量水平系统的改变可以导致非线性的行为改变。动力系统观点的核心就是稳定性，稳定性是指一个系统在行为上的稳定状态。这里用的稳定性是含有可变化性的意思，也就是当一个系统被轻微扰乱时，它会自发回到稳定状态。动力系统观点的另一个重要部分是与控制行为的单位有关。个体熟练动作的产生，是神经系统对特定的功能性肌肉和关节配合的控制，以使动作协调，这样个体才能根据环境指令完成动作。个体可以通过练习或经验来获得这些称之为协调结构的功能性配合，或者也可以是自然存在的。动力系统观点还强调人和技能表现的物理环境之间的相互作用。从动作控制的角度来看，这种相互作用包括知觉和运动变量，使得某一动作的特定运动动态和知觉变量的特定特征相一致。另外，动力系统理论还包括吸引子、指令参数、控制参数、自组织、协调结构、知觉－动作联接等概念。

第三节 运动技能学习的测量

无论是在实验室里对运动技能学习规律进行研究，还是在实际教学和训练中指导练习者提高运动技能水平，都离不开对运动技能学习的测量和评价。由于技能绩效和技能学习不同，因此，对绩效的测量与对学习的测量也是不同的。运动技能学习是动作熟练操作能力发生相对持久改变的一系列内在的变化过程，结果表现在动作操作的熟练性、一致性、持久性以及对环境适应性的提高等方面。运动技能学习评价就是运用不同的方法对运动技能练习的变化情况进行有效测量，根据测量结果来评价运动技能学习的情况，下面介绍运动技能学习的评价方法。

一、绩效曲线

评价练习中学习进步的一个通用方法就是绘制运动技能的绩效曲线。当一个练习者对某种运动任务进行练习时，收集其在各次练习中绩效的测定值。比如，动作的准确率或者误差值，根据这些测定值，可将各次练习的绩效用图描绘出来。随着练习次数的增加，绩效也随之提高（图 8–2a）。在练习初期，绩效的进步往往比较明显，随着练习的增加，绩效的进步逐渐减弱，也就是说，绩效曲线的一般规律是先快后慢。在采用误差值绘制绩效曲线时，绩效曲线逐渐向下，但也是反映绩效的进步和先快后慢的特征（图 8–2b）。

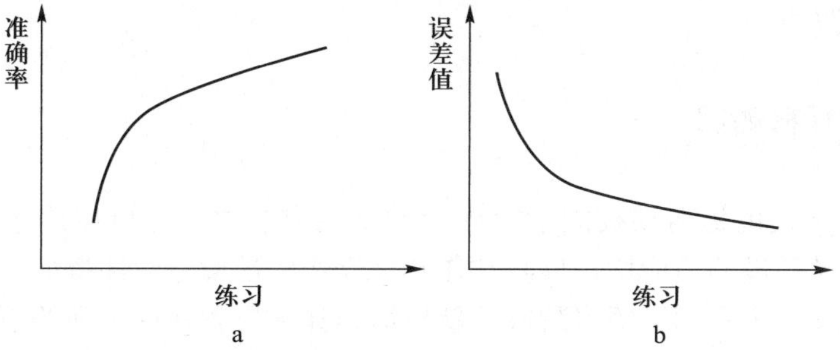

图 8–2　练习曲线的两种形态

由此可见，绩效曲线根据测定指标的不同，或朝上或向下延伸，但一个共同的特征是变化先快后慢，这一先快后慢的绩效变化几乎是所有运动技能学习中的一个共同特征，也称为“练习法则”，是运动技能学习的一个基本原理。这一规律在排球运动中也得到了体现，其原因可能是初期动作被分解后容易掌握，且已掌握的动作经验对新技能产生了正迁移作用；后期局部动作的整合和协调较为复杂，对身体素质的要求提高等（宋玉婷，2012）。

哪些因素限制了绩效曲线的有效性

二、保持测试

运动技能的保持测试就是指动作练习结束后间隔一定的时间，再对所学动作进行重新测试，以保持测试阶段的动作操作绩效来评价运动技能学习。保持测试是运动技能学习绩效评价的另一种常用方法，用以反映动作熟练操作的持久性特征。其实，人们从开始上学起就一直使用这种方法来评价知识学习的掌握程度，学习一段时间后，教师通常会安排一些单元测验来了解学生对一段时间教学内容的掌握情况，这种单元测验就是人们所说的保持测试。

进行运动技能学习的保持测试时，首先要求被试对规定动作进行一定时间的练习，然后让其休息一段时间以消除因长时间练习而导致的疲劳对学习产生的影响，休息期间不进行与该动作相关的任何练习，然后再安排一组测试，让被试重新操作该动作，通过评价休息之后动作操作绩效的保持情况来评价运动技能学习情况。保持测试的目的是确定通过练习所达到的动作熟练操作状态的持久程度，评价的关键是比较被试在练习之初和保持测试的操作绩效，如果保持测试的操作绩效与练习之初相比有显著的提高，那么可以认为对该动作的学习已经发生了。需要注意，练习结束到保持测试的时间间隔必须保证能够消除各种绩效变量对动作操作的暂时影响，通常需要间隔

24 小时或更长。

三、迁移测试

迁移测试也是运动技能学习评价的常用方法之一，可以用来评价动作操作对新异环境的适应性，反映动作熟练操作的环境适应性特征。迁移测试通常会设置一个不同于练习阶段的新情境，让学习者在这一新的情境中操作所学动作，然后根据新情境中的操作绩效水平来评价运动技能学习情况。

1. 情境迁移

一种常用的迁移测试方法就是在动作操作过程中不提供追加反馈信息，即不给学习者提供有关动作操作的外部信息，从而考察学习者对运动技能的掌握情况。通常在练习阶段，教师或教练通常都会给学生提供动作完成是否正确的语言指导，也就是通常所说的追加反馈。在迁移测试阶段不提供这些外部指导，让学习者依靠本身的所学来完成这一运动技能，从而考查学生对所学技能在新情境中的应用情况。实际上，这只是一种技能练习在不同情境中的保持测验，剥夺了追加反馈，测试内容仍然相同。第二种方法是动作操作情境的改变，即从练习情境到实际应用情境或模拟应用情境的转变。如果学生在新的环境下依然能够如练习情境一样熟练地操作动作，就说明运动技能学习发生了迁移。还有一种方法就是通过改变练习者的心理状态进行动作的迁移测试。运动员在练习阶段处于一种轻松自然的心理状态，而在迁移测试中则将其置于一种紧张的情境中，在比赛中或有某种成绩要求的情况下进行技能的操作，评价处于新情境中的操作效果。

环境背景和个人特征的改变不仅为评价个体适应所学技能的能力提供了机会，也为评价所学技能的稳定性提供了可能。这些内部与外部干扰对个体操作绩效的影响，为个体练习获得的技能稳定性提供了证据。

2. 新技能迁移

运动技能学习的目的之一就是要提高所学动作对各种环境的适应性，即学习者通过调整动作控制参数来适应环境的能力。例如，优秀足球运动员可以根据不同的比赛情境踢出不同距离的长传球；专业网球运动员可以在不同材质和硬度的球场上都能够很好地发挥。这些例子说明了进行技能的变化练习的重要性。评价个体技能操作能力可以使用包含一般运动程序的迁移测验，通过设置不同的调节参数，考察学习者在调节参数要求发生变化的条件下动作操作的适应情况。要求练习者完成一个新技能变化就是改变了操作情境，练习者必须调节其动作以适应这种变化。用以评价产生新技能变化能力的迁移测验，与用以评价适应新操作情境能力的迁移测验是相似的，只是考察的侧重点有所不同。

思考题

1. 操作绩效与运动技能学习的主要区别是什么？
2. 运动技能学习有哪些基本特征？
3. 简述图式理论和闭合环路理论的主要内容。
4. 运动结果测量的指标有哪些？
5. 运动结果特征测量的指标有哪些？

第九章

运动技能的指导与示范

▶ 本章导读

运动技能的练习是一个长期的过程。无论是初学者还是优秀运动员，都需要通过不断的练习提高运动技能的熟练性，直至自动化程度。所谓“曲不离口，拳不离手”，运动技能的提高需要练习者身体力行，死记硬背或者单纯的表象演练无法真正提高运动技能的熟练性。但是，为了更快地获得某种运动技能，练习者获得正确的指导和示范是重要的方面，尤其是在练习一项新的运动技能的时候。

▶ 学习目标

1. 了解在运动技能练习中如何进行言语指导和动作示范。
2. 了解运动技能的内隐学习的概念及其重要性。
3. 掌握运动技能学习实践过程中的指导与示范原则。

第一节 练习的指导

运动技能练习的指导是指教练员通过语言讲解的方式向运动员传授运动技能的动作要领、操作规范，指出运动员练习中的改进之处，促使运动员在练习中更快理解并掌握运动技能。指导练习者该做什么、怎么做和努力达到什么水平等，这在学习的初期阶段至关重要。指导的另一特征是告诉练习者不应做什么。在运动技能的练习过程中，教练会自觉与不自觉地使用指导，但有时没有考虑指导的有效性。

一、指导者的知识类型

指导者是否需要具备很高的运动技能水平，这个问题显然存在一些争议。没有一定的运动技能水平，指导者可能难以胜任教练这个工作，但并不是只要运动技能水平高就能成为好教练。就像人们常说的“一名优秀的运动员不一定能成为一名优秀的教练员”。教练员的知识结构和运动员是有区别的。运动技能多数属于程序性知识，运动员通过长期的练习建立了肌肉发力时间、发力次序的运动程序。掌握这些程序性知识可以使运动员在运动场上施展才华。但程序性知识并不是都可以轻易描述出来的，这就是常说的“只可意会不可言传”。

要成为一名教练，必须把这些程序性知识转化为陈述性知识，这样才能将某些运动技能的操作过程用语言描述出来传授给练习者。教练自身并不一定需要精通某项运动技能，但应该非常清楚运动技能的控制原理。比如，在乒乓球运动中，许多世界顶级的运动员已经具备高超的乒乓球技能，但他们对这些技能动作的要领、肌肉发力顺序、球的空气动力学等知识并不十分了解，而教练必须深刻地理解这些知识，这样才能发现运动员在练习中的问题，给予运动员必要的指导。

二、指导的策略

个体的注意容量是有限的，教练必须重视指导的质量，要突出运动的关键与重点，言简意赅，而不能轻重不分，漫无边际。一般而言，初学者对新动作的感性认识很少，很难同时将注意分配到多个任务上，即使是很少的语言信息都会超出个体的注意容量，让一名篮球初学者运球的同时再进行本队的技战术布置是不现实的。

（一）指导将注意集中于操作目标

指导的一个重要功能就是将学习者的注意指向有利于操作的关键信息上。Prinz（1997）认为，运动是由既定的运动程序来控制与执行的，信息在记忆中都以共同的形式编码，根据运动的预期结果进行指导，技能的学习会更有效。Wulf 和 Toole（2001）对指导在高尔夫击球运动学习过程中的作用进行了研究，被试为没有经验的大学生，任务为将高尔夫球击向 15 米远的圆形目标，都给予握球棒的讲解与示范，但其中一组要求在每次摆动时将注意集中在手臂的摆动上，将球棒看作钟摆，做钟摆式运动，并在摆动前做几次徒手练习。结果显示，指导练习者将注意集中于击球手臂摆动的被试在练习阶段和 24 小时的保持测试中都表现出较好的成绩，说明将注意集中于动作结果更有利于学习。

（二）指导注意关键线索

告知练习者在环境中注意关键信息，这样可以促进运动技能的学习。首先，在技能的练习过程中，教练要告诉练习者应该看什么或关注什么，这样可以帮助练习者校准视觉注意的焦点，从而捕捉最关键的加工信息。其次，让练习者在多种不同情境中练习，指导练习者在变换的情境中把握运动的关键元素，从而提高运动操作的应变性。但也有研究者指出，个体可以内隐地从环境中获得相关信息，而并不需要在意识上知道是什么信息。Magill 等（1990）以轨迹追踪任务对这一特征进行了实验研究，追踪任务分三部分，前后两部分为随机运动，中间部分是固定运动，但并没有告诉被试这些规律，被试在不知情的情况下练习 15 天。结果发现，有规律的中间部分的测验成绩最好，说明被试内隐地习得了中间部分的轨迹追踪规律（图 9–1）。Green 等（1991）之后研究发现，虽然实验中两组成绩都提高了，但外显指导组比内隐学习组出现的错误要多，可能外显指导组将更多的注意资源指向了记忆这些规则，并寻找这些规则的出现，这样就破坏了运动操作本身，影响了注意的分配。虽然现在有不少研究证实，运动技能可以在不需要指导的情况下习得，甚至对某些运动的学习更有优势。但现在较一致的观点是，外显的指导仍然是技能学习的主要渠道，内隐学习至多是外显指导的一种有益补充（任杰，章建成，2000）。

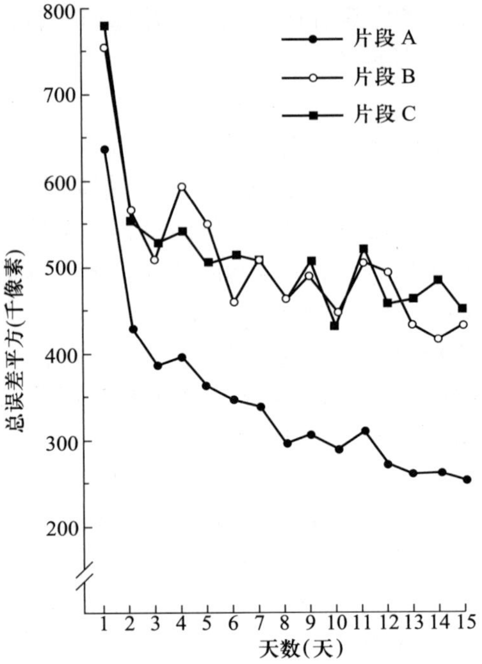

图 9-1 运动技能的内隐学习

（引自 Magill，Schoenfelder-Zohdi 和 Hall，1990）

（三）指导注意于技能操作的成就策略

指导练习者将注意指向技能操作的绩效目标，尤其是在操作既快又准确的练习任务中，可以使练习者的学习策略发生优化，从而提高运动技能学习效率。Blais（1991）对指导的这一特征进行了实验研究，实验任务为一系列追踪任务，三组被试为强调准确性组、强调速度组和既强调速度又强调准确性组。结果发现，强调速度组的练习移动速度最快；准确性和速度同时强调组获得了较快的速度，但却是以牺牲准确性为代价的；强调准确性组的准确性最高，并且表现出最快的平均总反应时。所以，在面对既要求速度又强调准确性的任务指导时，强调准确性可以较好地达到这两方面的效果。优秀运动员的训练大多采用这种策略，尤其对于羽毛球、乒乓球这些高策略性项目。

（四）指导的信息量

在运动技能的学习过程中，指导应注意度的把握。人类的信息加工容量是有限的，初学者同时加工多个信息的能力更小，对其进行过多的指导会因记忆容量有限而产生不必要的干扰现象，不利于学习，但指导过少，又可能因信息量不足而达不到技能学习的目标。所以，语言线索应简短而精练，教练应当使用语言线索将个体引向操作技能需要注意的情境中，将个体的注意指向专项情境中的文脉线索，促进对运动技能关键信息的获取（Landin，1994）。比如，“看球”这一线索将指引视觉注意于球，而“射门”则强调了关键动作。简短的线索指导对技能的学习是非常有效的，既可以促进新技能的学习，又可以巩固已习得的运动技能，尤其对于有一定水平的练习者而言，这样的指导能更快地提高运动技能水平。

（五）通过多种方式进行技能指导

在实际技能学习过程中的指导方式很多，但应用最多的是结合示范进行线索指导，即在做动作示范的同时进行练习的指导，以补充视觉信息，提高注意的集中（Zetou et al.，2002）。还有一种方式是直接提供线索指导，帮助学习者将注意集中于技能的关键部分。比如，Masser（1993）让学生学习头手倒立的研究表明，获得语言指导的学生在练习后三个月能够很好地保持该技能，而没有获得语言线索指导的学生成绩相对较差。Cutton 等（1994）使用 5 个指导词对网球初学者的学习进行了实验研究，这些指导词是：“准备”（提示即将来球）、“球”（注意集中于球本身）、“转身”（提示击球的恰当身体位置）、“击球”（注意集中于击球）、“头向下”（提示击球后头的位置），结果发现，与控制组学生相比，使用线索指导的学生能更好地学习网球的拦截基本动作。Landin 等（1999）使用自我指导对有一定水平运动员的研究表明，这种指导可以起到提示和集中注意的作用，有利于运动技能的提高。总之，对运动技能的练习指导方式很多，不同的组合会产生不同的效果，在不同时机进行指导也存在差异。

三、指导的内容

（一）整体性知识

练习新技能前的指导对学习至关重要。指导可以提供有关运动本身的诸多重要信息，如做动作时肢体的最初位置、开始姿势，应该看什么、听什么、做什么；指导可以为练习者第一次练习时提供有关动作的整体“概念”；指导还能提高练习者对动作错误的自我觉察能力，如“运动后，检查自己的手臂是不是直的”。Solley（1952）进行了一项实验研究，实验任务为手臂两次移动刺中目标的速度准确性任务，三组被试的实验要求分别为强调速度、强调准确性和同时强调速度和准确性。通过六天的练习后发现，强调准确性组的练习准确性最高，强调速度组的动作速度最快，而同时强调速度和准确性的实验组均处于中等水平。随后，研究者又追加进行了六天的练习，三组被试的统一要求是既强调速度又要求准确性，六天练习后再进行迁移测验。结果发现，前六天的练习效果在随后的迁移测验中依然表现明显，尤其是强调速度的一组，说明指导的“定势”作用对运动技能的学习影响显著，不同的指导产生的效果不同，最初的概念指导可以影响很长时间。

Wulf 和他的同事对指导学生注意集中进行了一系列的实验研究，被试多为新手，任务多为学习不同的运动技能或实验任务。结果发现，指导在即时的注意集中和长期的注意集中方面都表现出较显著的作用（Wulf & Prinz，2001）。比如，Wulf 等（2003）做了一项实验，要求被试双手持平衡杆完成保持平衡任务，被试分三组：第一组为内部指导组，要求被试保持两只手的平衡；第二组为外部指导组，要求被试保持平衡杆的平衡；第三组为对照组，不进行任何指导。图 9–2 绘制出了被试两天的练习结果（90 秒 /14 次）、一天后的保持测验（90 秒 /4 次）和无平衡杆的迁移测验（90 秒 /3 次）的平衡仪测试成绩。研究主要是探讨指导对于内部注意组和外部注意组，是如何影响注意力集中于自己手上的。平衡绩效和学习结果表明，内部指导组对绩效和学习都具有不利影响，当平衡杆从被试手中移走时，平衡成绩就会下降。相反，在保持和迁移测验上，外部指导有利于平衡的学习。指

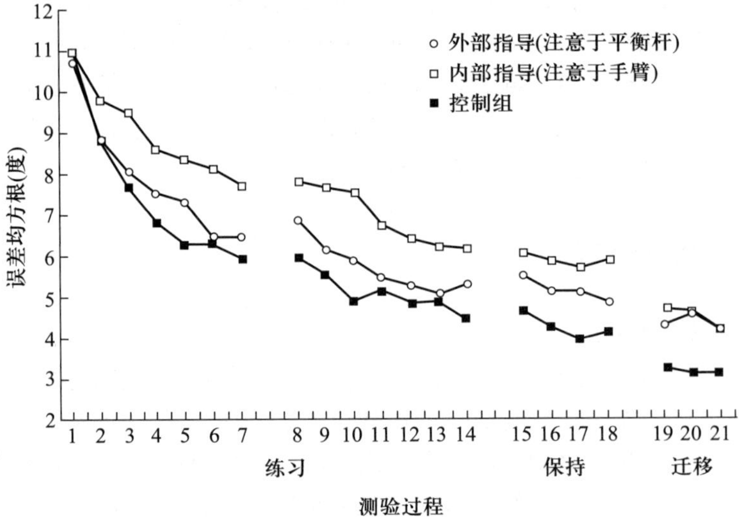

图 9–2 不同注意指导对平衡能力的获得、保持和迁移绩效影响

（引自 Wulf，Weigelt，Poulter 和 McNevin，2003）

导对绩效和学习的这些影响也得到了 Wulf 和他的同事以及其他研究者的证实（Hodges 和 Franks，2000）。

正因为指导重要，在学习过程中如果指导不当或过度使用，可能会有碍技能的学习（Hodges 和 Franks，2001）。仅仅使用语言法对练习者所学的复杂动作进行描述是相当粗略的指导方法。只有那些共同的和一般的运动特征才可以通过语言进行指导，练习者也只能记住这些指导，并且在开始练习中也只能学习少量的概念。在指导儿童练习时这一问题更为重要，因为儿童的注意范围要比成年人窄。在练习的早期，应当先用词概括动作的一两个本质性特征，确保练习者能够接受。然后在第一个重要特征习得之后，再通过语言指导练习者注意学习下一个重点，依次进行。

（二）机械原理知识

关于一项运动任务的机械特征，学习者应该知道多少？如果学习之前就提供这些知识，对未来练习的绩效和学习是否有帮助呢？Judd（1908）早期进行了一项研究，任务是用飞镖射击水中的靶子，实验前向被试提供一些理论指导，Judd 把折射原理教给练习者，即从水下靶子射出的光线是弯曲的，因此，靶子并不在你看见的位置上，当靶子被移到水下不同的深度时，这种指导为练习者提供了初期优势。Hendrickson 等人（1941）用气枪射击水中的靶子做实验也得出了相似的结果。

机械性原理也是运动技能指导的一个部分，如游泳（推动力）、台球（旋转球与几何学有关）。然而，外显的机械原理对某些任务的学习可能不是很有用。Polanyi（1958）举了一个自行车冠军的例子，这位选手并不知道车了保持平衡的机械原理，说明机械原理对学习某些任务并不至关重要，这种观点与内隐学习的观点相似：至少有些学习在缺少外显知识时也能发生（Krist，Fieberg 和 Wilkening，1993）。

（三）知觉训练

另一个预练习技术是在练习前给练习者呈现任务中将要出现的刺激。通过这种方式，练习者可以学习到时间性和空间性规律，在完成真实刺激任务时可以提高操作绩效。比如，棒球击球手在击球前可以反复观看一个曲线球的飞行路线，赛车手在驾车前可以在赛道上步行一圈。一个标准实验应当在练习前将各种刺激信息逐个指出，要求被试使用语言或其他方式进行反应，而不是真正的任务操作。比如，驾车过程中要求用语言说出赛车的转向和紧度。

Adams 和 Creamer（1962）进行了一项实验来验证知觉训练的有效性。他们要求被试学习一项跟踪任务，移动铁笔跟踪一个有规律的正弦波形移动的刺激点。练习前，要求部分被试观看这些刺激波形，并对运动做出预判，每当刺激点反向运动时便按按钮。多次练习之后，让被试用手操纵铁笔来追踪刺激点运动。结果发现，接受过知觉训练的被试要比没有知觉训练的被试在跟踪中更加准确。Trumbo 等（1965）也得出了相似的结果，实验要求被试采用命名活动来对有规律的刺激进行知觉预判，结果与跟踪任务一样，进行预判练习的被试对刺激的反应更加有效。这意味着通过语言指导的知觉训练能帮助练习者建立运动技能的动作结构性知识，有助于运动技能水平的提高。

四、指导的时机

很多时候教练想给予练习者更多的指导，在技能练习前、练习中和练习后分别给予指导，哪一种更有效呢？这就是指导的时机问题。

Holding（1970）等人用了多种技能练习任务及指导方式对指导的实际效果问题做了大量研究，总体认为，指导对技能获得阶段的练习绩效具有积极的促进作用。从本质上说，指导提供了一种阻止或限制错误发生的方法。但 Armstrong（1970）的研究发现练习后给予指导比练习中给予指导更有利于学习。通俗地讲，“手把手”地指导他人练习某种技能不是一种好方法。

关于指导与学习的关系，现有的研究认为：首先，在练习初期，当练习者对任务不熟悉时，通过指导可以提前告诉练习者会发生什么，使其更容易辨别刺激信息，指导可能很有效。指导的最大作用可能就是把学习者“领进门”，随后，逐渐练习达到精深程度。然后，指导对那些进程缓慢的任务可能比较有效，比如一种力量或位置与某些感知状态的匹配。指导可能给练习者明确指出要匹配的状态特征，这样，就可以对随后的运动进行调整以匹配这种状态。但是，有直接或间接的证据表明，对于快速、爆发式的任务，或是涉及运动程序学习的任务，指导几乎没有作用，比如 Armstrong 的时机任务。

第二节 练习的示范

练习者通过观察他人的动作或录像后再进行练习是提高技能学习效果

的一条重要途径。我们称这种学习方法为观察学习或模型学习。人天生就有一定的模仿能力，蹒跚学步的小孩还没学会说话就开始学会走路，就是通过模仿大人的走路姿势而不是通过获得有关走路动作的语言指导学会的。运动员可以在没有语言指导的情况下通过观察示范，模仿他人动作进行技能练习。因为示范或模型可以为练习者提供所学任务的信息或技术的某些基本细节。对于某些运动技能的学习，示范可能比其他手段更有效。这说明只要合理地使用示范，就可以促进运动技能的学习，尤其是在运动技能练习的开始阶段。在体育运动领域，已经广泛使用这种方法，将优秀运动员的优异动作录制下来，并运用在运动技能的练习和训练中。

目前，关于示范对学习影响的研究主要探讨不同的示范内容、不同的示范时机和频率，以及针对不同水平的练习者，示范的效果存在区别。

一、示范的作用

俗话说“外行看热闹，内行看门道”。不同的人观察同一个示范，收获是不同的。一方面，观察者的目的有区别，如去听音乐会，有人仅仅是为了娱乐，有人是去欣赏，有人是去观察音乐家的演奏技巧，用于提高自己的技能。另一方面，观察者的知识经验不同，对示范的理解也不同。个体通过示范获得的信息可以是意识性的，也可以是非意识的内隐性知识。如何从观察中学到信息，以及从观察中获得了什么，这是研究者感兴趣的问题。

（一）空间信息

视觉是个体获取环境空间特征信息的首要来源。观察示范动作可以使练习者获得直观形象的动作空间信息，这些信息非常有助于练习者的技能动作规范性练习。比如，教练指导“把手举高一点”，或者给练习者看一张正确动作的照片，效果是一样的。但示范能够比指导提供更多的信息，特别是涉及动作序列时，真实的动作示范或者录像播放可以向练习者提供更多的肢体的空间位置和位置变化的信息。比如看一套太极拳的动作或者网球发球的动作，这些信息如果用语言描述就会非常麻烦。大量的研究证明，对动态的、连续变化的空间信息的获得，示范的学习效果更加有效。

（二）时间信息

许多运动技能带有一定的动作节奏性，或者时机性特点。通过示范学习，练习者可以较好地掌握动作的时间信息。Zelaznik 等（1978）做过一个实验，让被试完成一个节奏性动作操作任务。在实验前，让被试先听一遍正确动作节奏的录音，随后进行操作测试，在完全没有练习的情况下这些被试获得了较好的操作成绩。可见，被试已经从录音中获得了运动技能的时间信息。观看一段舞蹈动作或者篮球的运球动作，学习者对动作时间节奏的理解可能比语言指导要深刻。与语言指导相比，技能动作的时间信息更容易通过示范进行学习。

（三）技能的协调模式

人体运动知觉研究得出一个重要规律：个体几乎不使用具体特征来判断运动形式，而使用各部分间相互关系的信息来判断运动形式，即观察者从示范过程中获得的是关于技能操作协调模式的信息。具体讲，是观察者从示范中获得的信息，并使用动作协调模式中相对不变的特征来发展和形成自己的技能操作运动模式，这一观点得到了来自运动的视知觉研究者和示范对复杂技能学习影响研究者的支持。视觉系统可以自动觉察运动模式中相对不变的信息，并用以确定技能的演练方式，但现在还不完全清楚个体如何将观察到的信息转化为运动命令以产生动作。

Johansson（1973）使用标记点技术，在人体的关节上放置明亮的反光点，并拍摄人体的运动过程。然后向被试播放录像，观看者仅能看到关节上的光点在运动。结果显示，个体通过观察标记光点的运动模式，就能够准确地辨认不同的步态，如走、跑。随后，Cutting 等（1977）使用同样方法研究发现，个体通过标记点的抽象运动竟然能够识别他们的朋友。Hoenkamp（1978）使用计算机模拟技术发现，个体并不是依据运动学变量识别不同步态形式，而是根据小腿前、后摆动持续时间的比率。此类研究得出两个重要结论：第一，个体不需要看到整个身体或肢体的运动，就可以快速而准确地辨认出不同的步态形式；第二，个体用于区别不同步态形式的关键信息，并不是某个步态的具体特征，而是步态两组成部分间相对不变的时机关系，即动作的协调模式是观察学习的关键信息。

通过示范可以使练习者提高复杂运动技能的协调性。Schoenfelder（1992）以障碍滑雪模拟器进行了研究（图 9–3），模拟器由两个刚性、表面隆起的平行轨道构成，轨道上还有一个可以移动的平台供被试站立。被试双脚站在平台上，要求像障碍滑雪运动一样有节奏的左右移动平台。两组被试，一组在观看熟练者操作任务后进行练习，另一组在接受语言指导后练习。结果显示，与语言指导组被试相比，示范观察组被试在练习中更早地形成协调的运动形式。

图 9-3　障碍滑雪模拟技术的标记点研究
（引自 Schoenfelder，1992）

二、示范的内容

尽管多数人会认为观看运动专家的动作示范更有利于学习，但是，也有证据显示，初学者甚至可以从非熟练个体的示范中获利，尤其当学习者和示范者同为初学者时，这样，可让观察者不至于盲目地模仿熟练者的技能操作，鼓励他们更积极地解决问题。可以理解，乒乓球初学者观看乒乓球奥运冠军的发球动作示范，其可能无法从中受益。因为对于初学者来说，比较简单的、水平一般的发球动作可能更加容易模仿。

Adams（1986）使用新手示范来研究手臂时机任务的绩效问题，结果发现，仅仅通过观察来学习这项任务是不够的，如果将示范的 KR 反馈也呈献给观察者，可以获得较好的学习效果。因为观察者可以从运动操作的示范中（通过视觉和听觉）、从示范的追加反馈中、从观看示范中成功地将反馈用于随后的操作中获得信息。这样，观察者不仅能从示范操作中受益，而且可以从观察示范者为了提高运动绩效而进行的加工活动中受益。随后，McCullagh 和 Caird（1990）进一步发展了 Adams 的研究方法，将其任务中的新手示范与专家示范的有效性做了直接比较。实验被试分为三组，一组被试反复观看一盘由熟练者完成的时机任务录像带，另两组被试都观看一名正在学习这项任务的新手示范的录像带，其中一组得到了示范的 KR 信息，另一组则没有。结果发现（图 9-4），观察新手示范并得到示范 KR 信息组的

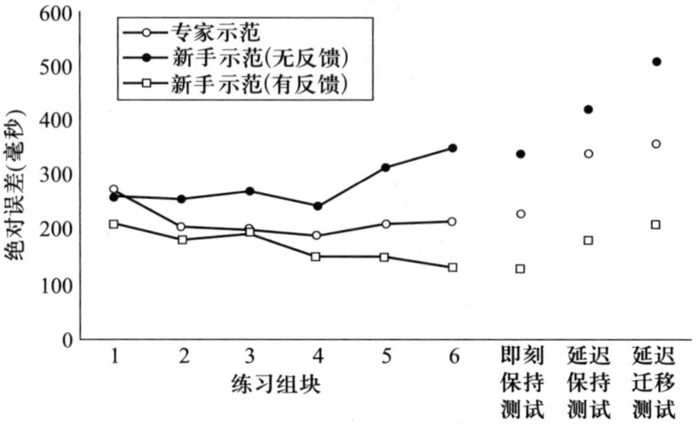

图 9-4 示范者水平以及反馈对技能学习的影响

（引自 McCullagh & Card，1990）

成绩最好。

Pollock 等（1992）以电脑游戏为实验任务以及 McCullagh 等（1997）以举重技能学习为任务进行的研究都指出，分别以专家动作和新手动作作为示范，初学者并没有显著的技能学习绩效差异。王晓波等人（2009）提高了实验任务的复杂性，采用双手时机协调任务对新手示范和专家示范的效果进行了实验研究，观察学习结束后 10 分钟、24 小时后进行保持测验，然后再进行迁移测验。结果发现，在保持和迁移测验中，两种示范组的成绩都要好于控制组；在保持测验中，新手和专家示范组的观察学习效果相似，但在迁移测验中，新手示范组的成绩明显要好于专家示范组。

以上研究揭示了示范学习领域的一个重要应用原则：新手从专家示范中获得的益处并不多，除非练习者非常清楚观察哪里、观察什么。这时就需要教练的语言指导。这意味着，指导和示范这两种技能练习的途径需要综合使用才会取得最佳的效果。

三、示范的时机与频率

对于初学者来说，示范是有效传递一般运动形式的手段。Gentile（2000）认为，在实际的运动技能练习前，给练习者进行示范是有益的，在练习过程中，也应尽可能频繁的进行示范。如果熟练示范确实传递了相对不变的运动特征信息，那么，可以预测，观察熟练示范越频繁，初学者就有更多的机会获得这一运动形式。Carroll 等（1990）关于学习电脑游戏操作练习的研究和

Sidaway 等（1993）关于学习高尔夫技能的研究，都得出较频繁的观察示范能提高技能学习效果的结论。

Weeks 等（2000）探讨了示范的时机与频率问题。在他的研究中，示范动作是熟练排球运动员发球，所有被试都没有发球的前期经验，实验任务包括观看 10 次示范动作的录像和练习 30 次发球。被试分三组：第一组在操作 30 次发球之前观看 10 次示范动作的录像；第二组在观看一次示范动作的录像然后操作 3 次发球，按此顺序完成全部练习；第三组在观看 5 次示范动作的录像后操作 15 次发球，之后再观看 5 次示范动作的录像，并完成 15 次发球。所有被试在练习后 5 分钟和 48 小时进行两种保持测试。结果显示，第二组、第三组比第一组表现出更好的运动绩效，操作准确性得分也较高。

就示范的时机和频率而言，目前的观点认为，练习前进行一定的示范是有益的，但练习过程中分散进行示范比只在练习前示范的学习效果更好。分散的示范时机安排与身体练习有利于新手利用更多的操作间隙发现问题并解决问题。分散示范有利于学习的另一个原因是每次练习间有一定的休息时间，有利于学习。虽然其原因仍需要进一步论证，但现有的研究比较一致地认为，分散性的动作示范比练习前的一次性示范更有利于新手学习。

四、听觉示范

运动技能的示范学习多聚焦于视觉示范，但对于某些运动技能的学习，听觉示范可能更有利，如按一定时机和节奏组合的动作序列。Doody 等（1985）以听觉为示范对运动技能学习的有效性进行了研究。实验任务为个体在 2.1 秒的标准时间内完成单手操作一项复杂序列动作。被试分为视觉示范组和听觉示范组，视觉示范组被试在每次练习前能看到标准运动示范视频，但听不到示范录像的音频部分，而听觉组被试在每次练习前只能听到标准运动视频的音频部分，看不到视频操作。结果发现，听觉示范组比视觉示范组操作绩效好。

随后，有研究者使用其他任务对这一问题进行了进一步研究。Wuyts 等（1995）做了一项实验，被试为没有舞蹈和音乐经历者，任务为学习一个 32 步的舞蹈序列。研究发现，与获得视觉、听觉示范组相比，仅听到音乐时机节奏的被试在序列的时机节奏掌握方面并不逊色。说明对于这类节奏性运动，对学习起主要作用的是听觉节奏示范，视觉示范的作用很有限。Lai 等（2002）研究也发现，听觉示范能够促进时机敲击动作序列的学习。

第三节 运动技能的内隐学习

一、内隐学习的概念

早期的研究者都认为人类的学习需要受有意识的思维活动的调节，也就是人们很清楚自己在学什么，学会了什么，还有什么没学会。对运动技能的学习也是如此，在练习过程中特别强调对技能动作的理解和意识的参与。后来的研究发现，人类还有另一种学习机制，知识的获得无须意识的参与，研究者称之为内隐学习（Implicit Learning），而需要意识参与的学习称为外显学习（Explicit Learning）。因此，内隐学习被定义为无意识地获得关于刺激环境复杂知识的过程，并且强调内隐学习是一种产生抽象知识、平行于外显学习方式的无意识加工。这一概念最早由 Reber 等人通过“人工语法学习”研究后提出。Nissen 和 Bullemer 的“系列反应时”任务实验和 Magill 的轨迹追踪任务实验均发现运动技能可以通过内隐学习的方式获得。

二、运动技能的内隐学习

有关运动技能内隐学习的研究，最早是 Pew（1974）做的一项轨迹追踪实验。他让被试学习 60 秒的轨迹追踪任务，任务的前 20 秒与后 20 秒的目标是随机移动的，而中间 20 秒中的目标以固定的方式移动，每次练习都重复呈现，但主试并不告诉被试实验中的这种特殊安排。通过一段时间的练习，被试在重复阶段的操作明显比不重复阶段的操作成绩要好，同时被试均没有意识到实验中的重复现象。这说明被试已经通过练习掌握了目标在重复阶段的移动轨迹的知识，因而能够提高其在这种模式下的操作成绩。但是对这些知识的掌握，被试并没有意识到，或者说不能用语言来描述，由此可以推断这些知识是内隐的。Magill 等人进一步对轨迹追踪任务中的内隐学习进行了研究，都证实了运动技能可以通过内隐学习获得。

另一项有关运动技能内隐学习的研究源于 Nissen 等人的“系列反应时”实验。他们在实验中要求被试对电脑屏幕上 4 个水平排列的刺激用键盘上相应的 4 个按键进行快速的应答。被试事先并不知道刺激信号出现的位置是按一定次序重复循环的。经过多次练习之后发现，被试对按次序呈现的刺激的反应要比对随机呈现的刺激的反应要快，而且被试并没有意识到刺激的次序性。这类研究可以证明学习者内隐地掌握了刺激的序列性知识，这些知识是无意识习得的，不能用语言来陈述的。内隐知识在无意识提取的情况下改变了人的操作成绩。

三、内隐学习中的指导与示范

Masters（1992）从内隐学习的角度对高度应激导致运动员运动技能绩效水平下降现象进行了研究。在他的实验中，分别让两组被试用内隐策略和用外显策略练习高尔夫球的击球任务。对外显学习组充分传授击球的动作要领，并要求他们在练习过程中思考用正确的方法击球。对内隐学习组不传授任何动作技术，而且还要求被试在练习的同时完成别的干扰任务，阻止他们自发形成击球任务的外显知识。两组被试在分别完成400次练习之后，再在应激条件下进行100次练习，应激条件是采用金钱刺激和公众评价相结合的办法。实验结果显示在应激条件下，外显学习组的操作受到干扰，而内隐学习组的操作绩效仍能持续进步。Mullen等人的实验也证实了这一结论。我们似乎可以这样去解释，外显学习组被试习惯或依赖于有意识地提取“正确的”动作知识来完成任务。在应激条件下，他们更容易分心，或者说对知识的意识提取受到了干扰，从而影响了运动绩效。而内隐学习组被试掌握的动作知识是内隐的，对它的提取也是无意识的，因而在应激条件下，被试对该任务的操作能够不受干扰。后来的研究还发现，运动技能的内隐学习在学习复杂的操作任务、技能的保持时间以及应对压力干扰时表现得比外显学习更有优势（任杰，2001）。Liao和Master将类比学习（Analogical Learning）看作是一种重要的内隐学习方法应用于乒乓球正手击球技能的练习，揭示了内隐学习在运动技能学习中的巨大潜力。

当前的研究认为，运动技能的内隐学习与外显学习具有协同效应，在练习过程中，两种学习方式相结合的效果好于单一的内隐或外显学习。教练在指导运动员进行运动技能练习时，总想把每一细节都解释清楚，并希望队员能好好思考，牢牢记住。很明显这是采用了外显策略。前面已经提到，运动技能练习中的语言指导不能过于细致，应引导练习者的注意指向外部结果，或者通过类比学习的方法，这样就能诱发一定量的内隐学习机制，使练习者的学习效果更好。示范的作用也是如此，练习者观察示范进行模仿，不借助意识的记忆和提取，也可以达到内隐学习的作用。

思考题

1. 举一实例，解释练习前分析任务的几个视角。
2. 举一实例，解释运动技能练习时的指导策略。
3. 举例阐述学习者从示范中学习了什么。
4. 阐述对示范学习效应的两种理论解释。

第十章

运动技能练习的安排

本章导读

在运动技能学习的过程中，练习是技能习得的必需环节。在第八章中讲述了运动技能形成的三个阶段，而每一个阶段的技能进步都离不开技能的练习。通常，对于不同的运动技能，学习周期也各有不同，篮球项目的技术教学可能需要10周，而羽毛球技术的学习可能只要9周。那么，在运动技能的练习中，要如何科学合理地安排练习的方式，控制练习的进度，又有哪些原理和理论可以指导我们更有效地安排练习，促进运动技能的习得呢？本章将通过介绍和比较不同的运动技能练习方式，来理解练习中的各种变量，以及在实际训练中它们是怎样影响绩效的。

学习目标

1. 熟悉运动技能练习前的准备内容。

2. 掌握运动技能学习的练习方法的优势和劣势，熟悉练习方法产生作用的理论依据，并能够在实际中应用各种练习方法。

第一节 练习前的准备

在指导运动员进行技能练习前，做好练习前的准备至关重要。通过练习要达到什么目标，如何激发运动员的兴趣，这是运动技能练习前必须思考和认真准备的，因为这些问题将直接影响到运动技能学习的效果。

一、练习的动机

动机是直接推动个体行为的内部动因。具有强烈的希望获得某种运动技能的运动员会在技能练习中更加积极地采取一切可行的方法和手段，克服可能遇到的困难，比如疲劳、伤病和失败，直到既定目标的实现。那么，如何激发运动员的练习动机呢?

（一）激发兴趣

与外部的物质奖励或者惩罚相比，兴趣是一种持久的内部动机。因此，培养练习者练习某项运动技能的兴趣是激发学习动机的重要手段。通常，兴趣有助于让练习者了解即将练习的运动技能是一项怎样的技能、有什么作用，掌握这项技能能解决什么问题，其他高水平运动员在这项技能上已经达到什么水平等。比如，观看高水平运动员的比赛录像有助于培养练习者的学习动机，能引起练习者的注意与兴趣，从而提高练习效果。对技能绩效进行较细致的描述也有助于提高练习者的兴趣。比如介绍乒乓球奥运冠军的发球落点、轨迹变化、球的旋转速度等，使练习者产生向世界冠军学习的愿望。还有，提供必要的练习环境，包括明亮的场地、配套的器材、完善的安全措施等，也有助于激发练习兴趣。

（二）目标设置

另一个经常用于激发练习动机的方法是目标设置。人类的活动是有目的的，合理的目标可以增强练习者的努力程度，增加练习者的自信心，从而提高练习效果。

什么样的目标才是合理的目标？首先，目标不仅指技能最终要达到的状态，也包含阶段性的要达到的技能水平，也就是说目标有长期和短期之分。运动技能是逐步提高的，因此阶段性的短期能达到的目标具有更强的激励作用。其次，合理的目标应该是具体的、明确的和可测量的。在日常训练中，教练通常使用最多的目标是“尽力去做”，如“尽你最大可能”“做100%的努力”。但研究表明，“尽力去做”与其他目标设置的效果有所不同。Locke 和 Latham（1985）研究认为，明确的、有难度的目标比没有目标或模糊的、不明确的目标能产生更好的成绩。设置具体的目标能让练习者把注意力集中在活动上，有助于调整努力的方向，在努力达到目标的过程中始终保持警惕性，可以作为与成绩进行比较的效标。再次，合理的目标应该是有一定难度同时又是可以通过努力实现的。过于简单或者过于困难的目标对练习者的激励作用有限。练习者通过努力实现设定的目标还可以作为一种内部奖励增强自信心。最后，合理的目标应该可以实现个人目标和集体目标的统一。对于集体项目来说，运动员为发展个人的运动技能所设定的目标必须与全队的目标有机结合，如足球的后卫和前锋的个人练习目标应该有区别。

二、任务分析

在确定练习目标后，下一步需要对运动技能的性质进行分析。根据运动技能的不同分类，要达到最佳练习效果，不同运动技能的练习准备和策略也有所不同。

（一）从运动技能的连续性视角

对于投、踢、扣、击打等不连续性技能，由于运动速度快，无法将动作进行再分解，同时在动作操作过程中也无法接收反馈信息。对于这类运动技能的练习，应该要求练习者把注意力集中在运动结果上，不要对运动过程进行分解与注意，完整连贯地完成运动技能。这类运动技能一般都快速而短促，运动间会有休息时间，所以，对于这类运动技能的学习疲劳对学习效果不会产生重要影响，应该把评价绩效能力作为学习的重要目标，要求练习者将注意集中在运动结束后的反馈信息上。

对于游泳、自行车、滑雪等连续性技能，由于运动持续时间较长，动作可以在操作过程的任一时间停止或继续，运动控制和反馈可以在过程中的任一时间进行，因此，练习者在运动中可以利用各种感觉信息和追加反馈及时校正运动技能，从而提高练习效率。

对于体操、武术套路、三级跳远等由不同动作组合在一起的系列性技能，运动动作是由多个不同的技能组合而成的，各技能间具有较密切的依赖性。因此，在练习这类运动动作的初期可采用分解练习，但随着单个动作的熟练掌握，要逐步过渡到各动作之间连贯性的练习上，关注各动作间的联接，通过多种方式的信息反馈修正错误，最终掌握整套动作。

（二）从运动技能的开放性视角

对于开放性运动技能，如足球运球、乒乓球组合动作、篮球，由于运动环境的不确定性，不同的阵形或不同的对手，需要选择不同的应对策略，所以，这类技能练习的重点应放在对环境变化的预测能力和应变能力的培养上。而对于封闭性运动技能，如体操、田径、武术套路，需要完成的运动技能是固定不变的，只是练习情境与比赛情境有所不同，因此，练习的重点应该集中在动作的连贯性和稳定性上，同时应注意技能从练习情境向测试情境迁移，包括周围的物理环境，如建筑物、树木、空地，尽管这些因素不会直接影响运动形式，但在特殊背景下，也能影响个体完成动作的成功程度。

（三）从运动技能所需的认知策略视角

对于高策略性项目，如羽毛球、乒乓球、冰壶，即完成运动需要认知策略较多。完成这类运动并不是靠绝对的力量或速度，而需要一定的组织能力和技战术策略，太高的唤醒水平可能不利于学习。所以，在练习这类项目中要达到较高技能水平，运动员需要有较高的心智水平，练习指导的重点应放在提高练习者的思维决策能力上，同时应强调速度并减少误差。与此相对应的是低策略性项目，即运动的完成主要依靠力量、速度等绝对实力，认知策略的影响要相对少一些的项目，如举重、铅球、100 米跑，运动员拥有绝对的实力，不需要再进行技战术组织。比如在女子举重项目上，我国运动员还没有开举，国外运动员已经完成了三次机会。对于这类项目，练习者需要有较高的唤醒水平，所以，除了绝对力量与速度练习外，还应注意对练习者兴奋水平的调节和重视对运动动作的控制。

当然，分析任务的视角很多，还可以分可反馈的与不可反馈的动作、新动作与旧动作。总之，在运动技能练习前，对任务进行分析，实施重点指导，有的放矢，更有利于运动技能的学习。

第二节　集中练习与分散练习

一、集中练习与分散练习的概念

根据运动技能练习的计划与分配方法，可以采用集中练习（Massed Practice）和分散练习（Distributed Practice）两种方式。

集中练习与分散练习的典型案例

集中练习是指练习单元之间，以及各次练习之间的休息时间都非常短的一种方法。集中意味着把练习任务放到一起，安排得非常紧凑，中间几乎不休息或间隙很短。分散练习法是指单元之间，以及各次练习之间的休息时间相对较长的一种练习方法（图 10–1）。

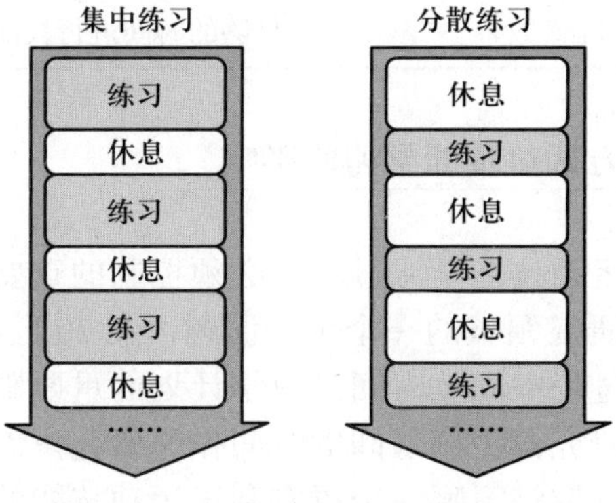

图 10–1　分散练习和集中练习的对比

事实上，集中练习和分散练习的界定是相对的，没有明确界限。一般把休息间隔等于或小于练习时间的方法称为集中练习，而间隔时间长于练习时间的方法称为分散练习。

二、集中练习与分散练习的比较

从课堂教学的角度而言，集中练习的课次数较少，但每次课的练习量大，练习时间较长。分散练习的课次数较多，每次课的练习的量较小，每次练习的时间比集中练习的要短。从练习的休息间隔来看，集中练习几乎没有间歇，或者休息间隔很短，练习过后一般都很疲劳，而分散练习的休息间隔则要长许多，练习是在相对较轻松的情况下进行的。集中练习和分散练习各有优点和缺点，这些优缺点也提示，在对不同的运动技能练习可以采用不同的练习方式（表 10–1）。

▶　表 10–1　集中练习和分散练习的优缺点

	集中练习	分散练习
优点	有利于简单动作的学习 帮助初学者获得动作的感觉 动作重复过程中强化关键技术 可以针对动作中需要矫正的部分集中练习	有利于学习一些容易产生疲劳的大肌肉群动作 给学习者提供了足够的时间进行思考，并通过反馈提高技能
缺点	练习者较容易产生厌倦情绪并失去学习兴趣 长时间的持续练习容易产生疲劳，并影响最终绩效表现 需要很强的集中力和动机感	由于每次休息后的重新启动，可能会拖延动作习得的时间 可能会在休息阶段浪费时间，而没有足够的时间进行技能练习

三、练习分配方式对技能学习的影响

不同练习分配方式对连续性和非连续性技能学习的影响

练习的分配是运动技能学习过程中必须控制的重要变量，多年来，一直是运动技能学习研究领域的一个重要课题，在 20 世纪 30—50 年代达到高潮。个体在练习过程中间歇时间是教学计划的重要影响变量，所以，大多练习分配的早期研究都把练习间歇时间作为研究焦点。至今，研究者仍在关注集中练习与分散练习哪一个更有利于运动技能的学习，怎样的组合才能使练习效果更好，即最佳的练习分配。而另一个关注的问题是练习单元的时间与练习计划持续时间的分配问题。现在一般认为，不同的练习分配对于运动技能学习效果影响是不同的，不同的运动技能可能需要不同的练习分配方式，才能获得最佳的练习绩效，练习的分配方式必须考虑具体的练习情境。在这一部分，我们从连续性运动技能的学习和非连续性运动技能的学习两方面，来理解不同练习分配方式对运动技能学习的影响。（查看二维码中的案例）

对于大多数运动技能而言，分散练习效应是显著的，但要考虑总体练习的时间，集中练习组的练习期很短，如果给这一组增加练习很可能也会提高练习效果（Baddelry 和 Longman，1978），说明在分配练习与总时间之间的一种权衡现象。同时，对于不同技能，在技能学习的不同阶段，以及不同的个体情况，可能也都会影响练习分配的效果，如简单技能与复杂技能的学习规律就截然不同，技能初学阶段和技能熟练阶段的练习方法也应有所不同。

人类日常生活中的大部分运动技能都是非连续性的，体育领域诸多项目也多为单一动作，如踢、击、投掷。但有关非连续性运动技能的练习分配研究还很不够，已有的结论总体上支持集中练习更有利于非连续性运动技能的学习，能否从大量连续性任务的研究直接归纳出非连续性任务的练习分配规律，可能还需要进一步研究。

集中练习、分散练习各有利有弊，只要合理的使用，都能在一定程度上促进运动技能的学习。表 10–2 对这两种练习方式进行了系统的比较，同时，也针对上述内容，提出了三个问题，供大家思考，大家也可以通过查阅拓展内容进行思考比较。

▶　**表 10–2　集中练习和分散练习分配方式的综合比较**

分配方式	集中练习	分散练习
定义	不间断地、连续重复练习一个动作，或者与整个动作或整个练习任务相比，只有暂停或休息较短的时间	在动作练习过程中，暂停和间歇时间要长于练习时间
举例	持续 3 分钟练习向前和向后传球动作 连续不间断进行 10 次投球	实战练习中与正式比赛相似或有更长的休息时间
适用条件	单一技能或者动作任务时间非常短，特别是学习阶段 在技能学习的习得阶段和巩固阶段 练习的时间固定，并且练习过程中需要大量重复 动作练习任务不需要非常大的能量消耗	连续技能要求快速或者协调性高 容易产生疲劳的运动练习，并且这种疲劳容易影响动作质量或者增加事故发生概率
不适合条件	连续性运动技能的学习 容易产生疲劳的运动任务，特别是临近练习结束时	

为什么分散练习会更有利益于连续性运动技能的学习

选取练习分配方式有哪些注意事项

第三节 固定练习与变换练习

一、固定练习与变换练习的概念

影响运动技能学习的另一个重要因素是练习变异性。对只进行一个动作的技能练习，如排球、足球的传球，篮球的投篮，如何组织此情境中的练习？这涉及固定练习和变换练习。

固定练习（Constant Practice）是指练习者在练习过程中按照要求对一个动作进行反复练习，完成运动的程序和参数都不变的练习方法。变换练习（Variable Practice）是指练习者在练习一种技能过程中体验到不同的运动特征和情境特征的练习方法，如采用不同的距离、速度、力量等参数变化进行练习的方法（图 10–2）。

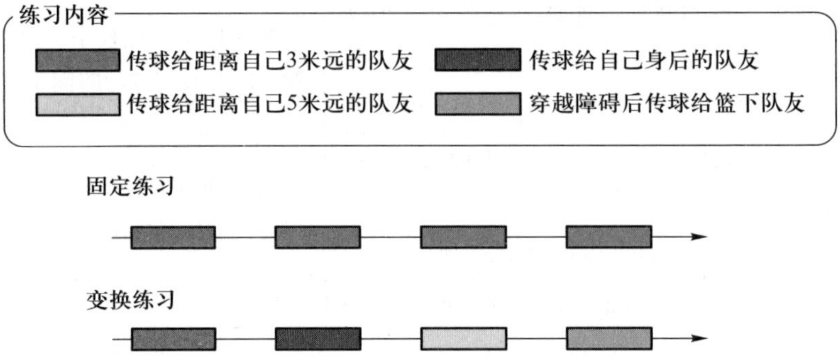

图 10–2 固定练习和变换练习

二、练习变异性的重要性

变换练习对运动技能保持、迁移的影响

学习一项技能的一个重要目标就是获得处理新情况的能力，以便能在将来的现实情境中正确应用，因此，在不变的情形下练习是不会获得这种应变能力的。甚至有研究者指出，变化练习可能对封闭性技能同样重要。这种积极效应得到了来自保持测验和迁移实验的支持，我们可以通过二维码链接观看两个实验室实验，来了解变换练习是如何促进运动技能的保持与迁移的。

从案例中可以看到，变换练习对运动技能的保持和迁移都比固定练习有更好的绩效。因此，变换练习有以下两个方面的优势。

1. 帮助练习者建立某个动作不同参数和不同条件下的执行能力

通常，投掷 4 米、6 米或 8 米，动作的生成模式是相同的，但是整体力量的参数会有所区别。如果投掷者使用了错误的力量参数，那么投掷的结果就会过近或者过远，而熟练的投掷者则会选择正确的力量参数来满足任务的要求。

2. 有利于练习者在某个新异条件下完成动作

通过变换练习，练习者不仅可以完成这个动作的特定要求，也可以建立起以动作为核心的各种条件要求。例如，通过练习不同距离、不同目标类别的投球动作后，当有一个新的距离和新的目标出现时，即使是没有练习过，练习者也可以成功地完成这个新异任务。

三、变异练习的方法

运动技能学习的所有理论都强调练习变异性对于提高技能学习效果的重要作用，变异性练习可以促进向新任务的迁移（Lee& Magill，1982; Van Rossum，1990）。比如，在 Schmidt（1975）的图式理论中，一个重要的理论基础就是技能的获得取决于在练习中练习者体验到变化的数量，变换练习越多，会产生更好的学习效果。

Gentile（2000）的学习阶段理论也强调，练习者需要在练习中体验调节情境和非调节情境特征的变化。比如，在风中和雨中练习射箭，在极度困难的条件下练习投篮等。在运动技能练习过程中，教练或教师要尽可能地让学生体验到不同情境的动作操作。

表 10–3 显示了变异练习的主要方式。

▶ **表 10–3　变异练习的主要方式**

背景 / 环境	技能 / 任务
常规性条件	动作模式改变
非常规性条件	动作参数改变

1. 闭锁性运动项目的练习多样化

对于闭锁性运动项目，通常会通过改变环境来创造出常规性条件和非常规性条件，用于运动技能的练习中。这里，以高尔夫球 7 号铁杆挥杆动作的练习和篮球中的罚球为例进行比较（表 10–4）。高尔夫挥杆和篮球罚球都属于闭锁性运动技能，但两者也存在区别。高尔夫球的每一次挥杆存在试次内的变化，需要完成的任务存在差异，在距离或者球的选择上并不一致。而篮球罚球则是在同一位置使用同样的球，朝同样的目标进行投掷，属于试次内无变化的闭锁动作。根据背景环境的变换方式，可以在常规性条件和非常规性条件下进行练习。在常规性条件下，高尔夫球挥杆动作应符合常规要求，针对不同的球和不同的距离进行变换练习，而篮球罚球则也应当对应常规条件，不适合过多改变投掷距离或者目标。在进行非常规条件练习时，两个项目都可以通过改变练习环境、制造人为噪声、模拟比赛环境等方式，进行非常规练习。

表 10–4 闭锁性运动项目的练习方式比较案例

项目	高尔夫球挥杆	篮球罚球
特征	试次内存在变化	试次内无变化
常规性条件	根据球的特征、距离变化进行练习	练习过程中不应当改变常规参数，如距离、球的重量
非常规条件	模拟赛场环境，在有人观摩条件下练习	人为制造赛场助威，模拟比赛情境等

2. 开放性运动项目的练习多样化

与闭锁性动作相比，开放性运动项目的特征是永远存在试次内变化，因此，无论是在常规性条件还是非常规性条件下，都应当进行变换练习。但是对于所有的运动技能，初学者应当选择变换程度相对较低的练习方式，直到个体的运动技能过渡到相对稳定的阶段。根据 Gentile 的两阶段模型，在技能学习的第一阶段，首先需要建立对动作的最初概念，也就是能够区别常规环境和非常规环境的要求，因此，在这一阶段，为初学者提供的变换方式不能过于复杂。而到了第二阶段，动作学习的要求是形成稳定的动作模式并且适应多样化要求，因此在这个阶段，练习者更需要通过变换练习来发展动作。

变换练习和固定练习作为不同的练习方式，适合在不同的动作习得阶段使用，本节介绍了两种练习方式的特征，以及练习变异性的方式方法（表 10–5）。

▶　**表 10-5　固定练习和变换练习的综合比较案例**

练习方式	固定练习	变换练习
举例	向同一方向练习 10 米传球	向不同方向练习不同距离的传球
适用范围	新技能学习的早期阶段	技能学习的巩固阶段
优势	可以建立动作成功的感觉，如自信感	提供更多的身体感受和知觉范畴

四、影响练习变异性的因素

现在较一致的观点认为，变异性练习有利于运动技能的学习（Schmidt & Sherwood，1982）。但也有观点认为这种影响很小，甚至没多少影响（Schmidt，1989; Rossum，1990）。这说明可能有某些因素影响到练习变异性的效果，而对于某些学生而言，变异性练习要比固定练习有效得多，尤其在某一阶段练习的效果会更好，比如技能学习的开始阶段。研究者发现练习者的年龄、性别、技能学习的阶段和任务性质对不同的练习方法有显著影响。

（一）年龄

Shapiro 和 Schmidt（1982）发现，几乎所有的研究中都发现，变换练习比固定练习对儿童的技能学习更有效。比如，Kerr 和 Booth（1977，1978）的两个实验研究，让儿童进行一项封闭性投掷技能练习，发现当迁移到新任务时，变换练习比固定练习更加有效。对变换练习效果提出异议的主要是几项来自于成人被试的研究报告，同时，对中老年群体相关研究还未见到。

（二）性别

性别是个体差异研究的重要变量之一，通常也是影响实验结果的分组变量。Allen（1978）对儿童的技能学习研究发现，小学一年级女生比男生在变异性练习中受益更多。Wrisberg 等（1979）也在研究分析中指出，变换练习组和固定练习组的差异主要是由女生的前后差引起的，女大学生比男大学生从变异性练习中能得到更多的好处，男生变换练习前后差异几乎不显著。因此至少目前的证据表明，在练习变异性上女性比男性更加有效。

（三）练习的组织方式

关于练习变异性的效果问题，虽然大多数研究证明了其对技能学习的积极影响，但也有些报告没发现显著影响，主要来自对成年人被试的研究。Lee 等（1985）对那些没有积极影响的实验研究进行了综合分析，结果发现，这类研究大多都将所有变换练习组合在一起，进行固定序列练习。可能这种固定的序列练习影响了练习变异性的效果，要真正了解练习变异性的效果，应该使用完全的随机练习方式，而不是组块的序列练习顺序。

（四）任务性质

任务性质对练习变异性效果也会产生不同影响。Shea 等（2001）研究发现，对于一个相对时机的封闭任务，固定练习比变异练习效果好，而对于一个固定时机任务，变异练习效果要优于固定练习。而另有研究者甚至指出，一个任务的某些方面在固定练习条件下效果较好，而在其他方面则使用变异练习效果更好。至少目前可以确定，不同性质的任务会影响变异性练习的效果。由于任务性质的分类众多，具体的影响还有待深入研究。

练习变异性效果的理论解释

第四节 随机练习与组块练习

一、随机练习与组块练习的概念

随机练习与组块练习是针对多种任务练习而言的。在很多实际教学情境中，在一个学期或一个训练周期内，要学习的内容不止一个技能，比如，同时要学习足球、排球、铅球等，或者一个项目的多个技能。教练或教师需要在练习期间把这些不同任务进行有序的安排，以获得最佳学习效果。影响练习效果的典型练习方法有随机练习、组块练习和系列练习（图 10–3）。

随机练习（Random Practice）是在多任务的练习过程中，采用随机方式进行运动技能的练习，直至完成全部任务的方式。

组块练习（Blocked Practice）是在多任务的练习过程中，一项任务全部完成后，再进行下一个任务练习的方式。

系列练习（Serial Practice）是在多任务的练习过程中，几项任务采用一定的顺序依次进行，下次练习仍然采用这一顺序，直至完成所有任务方式的方式。

图 10–3 为随机练习、组块练习、系列练习的案例。

学习空手道的练习安排

方法一：组块练习 AAA BBB CCC	星期一：练习踢 星期二：练习隔档 星期三：练习打
方法二：随机练习 CCB ACB CAA CAB	星期一：打—打—挡—踢—打 星期二：挡—打—踢—踢—打 星期三：挡—踢—踢—打—挡
方法三：系列练习 ABC ABC ABC	星期一：踢—挡—打 星期二：踢—挡—打 星期三：踢—挡—打

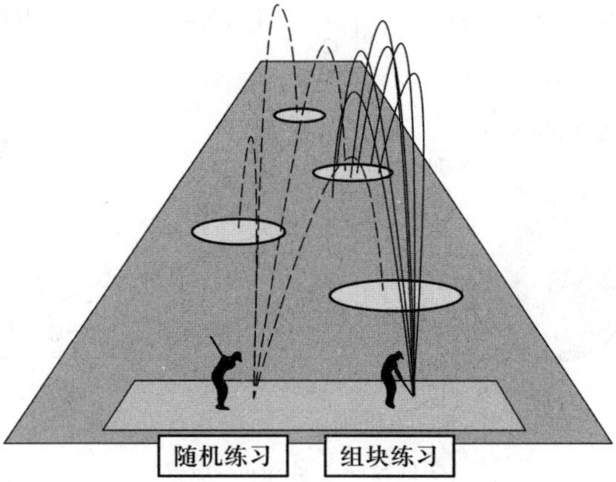

图 10–3 随机练习、组块练习、系列练习案例

二、随机练习中的文脉干扰

随机练习首先面临的问题就是技能练习过程中的文脉干扰效应（Contextual Interference Effect）。文脉干扰是指在技能练习过程中，前后技能的相互关系对当前运动产生的干扰现象。传统观点认为，文脉干扰会阻碍学习的顺利进行，在技能的练习过程中应尽量防止文脉干扰，低文脉干扰比高文脉干扰情境更有利于技能的学习。但当前研究者认为，虽然在练习过程中的大量文脉干扰有时的确会对练习产生暂时的消极影响，但通过保持和迁移测验发现，这些干扰效应最终却对学习产生了积极性影响。

Shea 和 Morgan（1979）对文脉问题的研究具有标志性意义，在随后的几十年里，在运动技能学习领域产生了广泛而深远的影响。Shea 和 Morgan（1979）以多任务练习为实验，通过对几种练习任务的随机排列，发现可以产生较强的文脉干扰效应，在随后的保持和迁移测试中，又发现文脉干扰对学习的优势效应。实验要求被试学习三种不同的反应时任务，分别使用组块练习和随机练习两种方式进行，每个任务练习 18 次，共 54 次。练习之后的 10 分钟和 10 天后，分别进行一次以组块练习和随机练习方式进行的保持测验。结果发现在技能练习过程中，组块练习的效果明显要比随机练习组好，虽然，这种优势随着练习的进行在逐步减少，但在随后的两次保持测验中，随机练习的保持成绩要明显好于组块练习组，尤其是在 10 分钟后的保持测验成绩更显著。结论证明了技能练习中的文脉干扰有利于技能的保持和迁移，即随机练习更有利于运动技能的学习（图 10–4）。

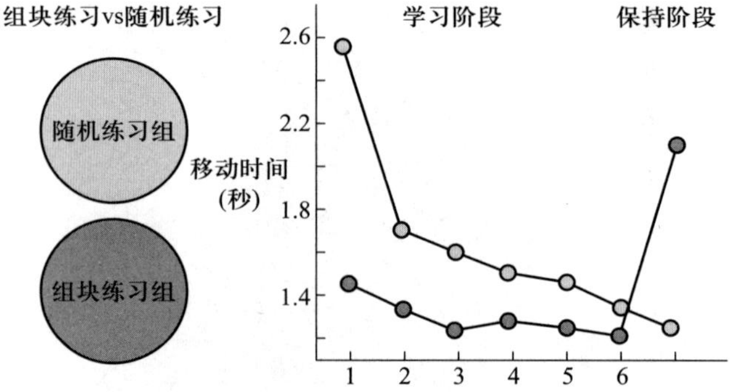

图 10–4　随机练习与组块练习的效果

（引自 Shea & Morgan，1979）

三、文脉干扰效应的解释

传统观念认为，不管采用何种练习方法，只要能提高效率，就能促进学习。Shea 和 Morgan（1979）有关文脉干扰的经典研究对这一观点提出了强烈挑战。为什么随机练习在技能练习阶段的绩效较差却能有效地促进学习？这种近乎悖论激起了人们进一步进行思考，这不仅要科学解释文脉干扰效应为什么会发生，而且还涉及一般的运动学习过程。研究者对此提出了多种理论假说。在这些理论假说中，得到广泛认可和大量研究支持的是“精细加工假说”和“遗忘与重构假说”。

（一）精细加工假说

精细加工观点认为，在随机练习中，各练习任务的要求是不一样的，它促使练习者对这些动作进行比较和分析，而组块练习是重复进行相同的动作，几乎不需要对比与分析。所以，随机练习对不同任务做了更精细的辨别，对动作的记忆也更加牢固。

（二）动作计划重组假说

这种假说认为，当前动作所做的程序规划会受到先前练习的影响。个体要完成某一动作，首先要从记忆中检索或新建一个运动执行程序，并对其进行参数赋值，为信息加工的运动执行做准备。理论上，大脑在一个时间段只能运行一种运动程序。在组块练习中，“运动程序 A”是为执行任务 A 组建的，只要是完成任务 A，都可以用这一工作程序，重复练习不需要再建新程序，所以，重复练习动作会学得很快。但在随机练习中，前后任务是不同的，“运动程序 A”不能用于随后的动作 B，必须建立“运动程序 B”。当随后再次需要练习任务 A 时，先前构建好的“运动程序 A”已经被遗忘或抑制，必须重新构建操作程序，频繁地启动运动程序的重构导致练习效果不佳。组块练习更多的是记忆了一个动作的运动程序，高效的执行程序提高了练习阶段的成绩，但却不能促进保持和迁移测验中的学习效应，而随机练习造成的是一种暂时性的运动程序遗忘，迫使练习启动思维活动，进行新运动程序的重构，从而提高了学习效应。

文脉干扰现象对实际训练的启示

表 10–6 将组块练习、系列练习和随机练习进行了综合比较。

▶　表 10–6　组块练习、系列练习和随机练习的综合比较

		组块练习	系列练习	随机练习
定义		在每组练习中只练习同样的一个动作	在每组练习中多个动作按一定的顺序进行练习	在每组练习中随机地练习多个动作
举例		学习任务：进行 8 次训练，学习 4 种泳姿		
		每次训练都学习、练习同一种泳姿，连续练习 2 次	前 4 次练习和后 4 次练习分别依次进行蛙泳—自由泳—仰泳—蝶泳的练习	每次训练随机选择一个泳姿进行练习
文脉干扰（CI）		低 CI ←→ 高 CI		
文脉干扰效应	练习过程	绩效好 ←→ 绩效差		
	保持测试	绩效差 ←→ 绩效好		
	迁移测试	绩效好 ←→ 绩效差		

第五节 整体练习与分解练习

一、练习方法的选择

在开始进行运动技能学习时，是从技术动作的开始到结束完整地进行练习，还是将技能分成若干个环节分别进行练习，这对运动技能的学习和最终的练习效果也至关重要。比如，学习某一泳姿技术，一般是先采用手部动作和腿部动作的分解练习，再走向整体练习。体操的成套动作更是如此，练习者很难一开始就进行成套动作的练习，但对于拳击的直拳这类快速动作就很难进行分解练习。采用分解练习时应该考虑，经过分解训练，这些分解部分是否对学习整体技能有效，即各分解动作能否迁移到所学的技能上去？还要考虑分解练习与整体练习的效率问题。因为分解进行练习的运动程序可能与整体运动程序的那部分不一样，也可能已不再是成套技能中的那个局部动作了。

如何选择整体练习和分解练习，取决于分解练习对整体技能的迁移量，如果分解练习的内容与整体技能中的元素相同，则对整体技能的学习产生正迁移。但有很多情况是分解练习的动作与整体动作中的运动程序不一样，就可能分解练习的效果不好。

整体练习与分解练习的运用原则，通常依据技能的复杂性（Organization）和组织性（Complexity）而定。组织性通常指运动技能各部分之间的关系，而复杂性则指运动技能中包含的动作数量，以及需要进行信息加工的数量。例如，扔球的动作就属于复杂性低，但组织性高，更适合运用整体练习的方法；而写字的运动技能则属于复杂性高，组织性低，更适合采用分解练习的方式。图 10–5 通过篮球训练的例子比较了整体练习与分解练习的不同应用。

二、整体练习法

在运动技能的学习过程中，如果练习的技能相对简单，技能的运动元素构成较少，各元素相关度较高，应采用整体练习。比如，投掷项目的出手动作、高尔夫球的击球动作、拳击的出手动作。一般这类快速动作最好不要进行分解练习，即使采用分解练习，所练习的动作也多数与原动作相去甚

图 10–5 整体练习与分解练习的比较案例

远，对整体动作的练习作用不大。有时，将动作机械地分成若干部分进行练习是不可取的，那样会破坏整个动作的结构。

三、分解练习法

将动作分解为若干个部分分别进行练习，最后进行动作结合练习的方法称为分解练习法。分解练习法以学习的迁移原理为基础，使技能分解的各部分以及部分与整体间产生最优的正迁移。按照 Wightman 等（1985）分类，分解练习法通常可分为部分法、分割法和简化法三种。

（一）部分法

部分法（Fractionization）分解练习法是指在练习那些包含手臂或下肢等不对称协调性运动技能时，首先进行单个肢体动作练习，然后进行整体动作练习的方法。很多运动技能都包括上下肢动作，当手臂或两腿同时完成时空对称的协调动作时，如蝶泳、蛙泳，对这类技能采取整体练习法学习更可取。当学习任务要求两个手臂或两条腿同时做不同空间、时间上的不对称运动时，如拉小提琴、敲架子鼓等，最好使用部分化的分解练习法。

（二）分割法

分割法（Segmentation）是指把技能合理地分成若干个部分，分别进行练习，在掌握了前一部分动作的基础上，再增加下一个动作，逐步进行的动作结合练习，直至完成整个技能的学习方法。分割练习法也被称为渐进部分法（Progressive Part Method）。

分割法的显著特点是集中了分解练习法和整体练习法的优点。分解练习法的优势在于它减少了操作完整技能所需要的注意量，使练习者集中注意力，重点练习技能的某些部分；整体练习法的优势在于它注重技能各部分在空间和时间上的协调和配合。渐进法集两种练习法的优点于一身，这样，运动技能操作时的注意量可以得到控制，同时，逐步将完整技能的各个部分融合到一起，使练习者可以在各部分技术联接的过程中把注意力放在时间和空间上的协调配合上，尝试操作完整技术。分割法对序列运动技能的学习也非常适用，如 Watters（1992）报告，渐进法有利于依次敲击键盘任务的学习。运动技能学习大部分采用分割法，如体操中的技巧套路、蛙泳、标枪、三级跳远，有些也会做重点练习，采用部分法与渐进法相结合的方法。

（三）简化法

简化法（Simplification）是整体练习策略的一种变形，它将整个技术动作或是技术动作某些部分的难度降低，练习达到一定基础后，再按照标准动作进行练习，直至掌握完整动作。在实际的技能练习过程中，简化法的种类很多，每一种方法都是针对某一类学习需要而设计的。

1. 降低动作难度

比如，练习抛接三球的杂技动作时，可以先用丝巾球或沙包进行练习，这样，抛物的飞行速度相对较慢，练习者可有较多的调整时间，在抛球技巧熟练以后，练习者就可以很容易地将抛接沙包的技能迁移到难度较大的抛接钢球技能中（Hautala，1988）。在实施此法时，应注意简化动作与实际动作必须具有相同的概括化运动程序。

2. 降低动作的注意需求

比如，开始练习平衡木动作时，可以降低平衡木的高度，这能让练习者降低保持动作平衡的注意需求，可以把更多的注意力集中在动作的协调配合上，这样练习会产生较好的学习效果。

3. 对有明显节奏特征的技能，提供听觉伴奏

这种简化练习法在艺术体操、舞蹈领域应用广泛，当然，在学习三级跳、撑杆跳高、跨栏等也存在较强节奏性的技能，给予一定的节奏反馈，可以促进技能的快速学习。

4. 慢动作

通过慢动作的练习，建立动作操作过程的相对时间特征，掌握各个动作的相对时间比例。这种方法强调的重点是技能构成元素之间的相对时间关系和空间操作特征，在实际的运动技能学习领域应用非常广泛。

5. 任务渐进法

以棒球练习为例，首先，练习击打固定高度球架上的静止球；然后，练习击打不同高度球架上的静止球；接下来，练习击打发球机抛出的球；最后，击打棒球投手投出的球。

思考题

1. 集中练习和分散练习的优缺点有很多，请根据自己的实践经验，谈一谈这两种练习方式的优势和劣势。
2. 为什么分散练习会更有利于连续性运动技能的学习?
3. 在不同类别的技能学习过程中，选取练习分配方式有哪些注意事项。
4. 影响练习变异性的因素有哪些?
5. 你认为文脉干扰现象对运动技能的学习有何启示。

第十一章 追加反馈与运动技能学习

▶ 本章导读

本章从追加反馈的定义和分类谈起，分别介绍了追加反馈的作用、内容、频率、时机，并从应用的角度，提出了追加反馈策略。

▶ 学习目标

1. 全面认识追加反馈的相关知识，掌握追加反馈的定义、分类、作用。

2. 熟悉追加反馈频率、时机以及其对运动技能学习的影响。

3. 学会在体育教学训练中的应用追加反馈。

第一节 运动技能学习中的反馈

一、反馈与追加反馈的定义

个体在运动技能实施过程中或动作完成后，获得有关动作操作特征或结果的信息，我们称之为反馈。根据信息的来源，反馈可分为内在反馈和追加反馈（外在反馈）。内在反馈是个体在不作限制的条件下自然获得的各种感觉信息。练习者可以通过自己的视觉、听觉、本体感觉等获取有关自己动作的内在反馈信息，不需要借助外界的特殊设备和装置。比如，当篮球选手投篮后，他能感受到手臂的用力状况，也会看到球是否命中。网球选手击球后，会感受到手臂的用力，听到球与球拍撞击的声音，看到球的飞行轨迹等。内在反馈多数是直接获得的。如果进行一些限制，个体就无法获得某些内在感觉。比如蒙住眼睛投篮，练习者就看不到投篮是否命中。

追加反馈特指借助外界帮助或特殊装置获得的反馈。例如，固定靶射击比赛后，选手在大屏幕上看到比赛成绩；完成健美操动作后，老师说“好”“很好”；跳水运动员完成动作后，观看动作录像回放等。追加反馈多数是间接获得的。

反馈信息的获取是运动技能学习的必要条件，没有反馈就没有学习。练习者在技能练习过程中，需要对自身动作的质量和效果进行评价，通过视觉、听觉和本体感觉对动作的错误进行识别和修正。练习者的运动技能越熟练，其内部反馈就越精确。因此，建立精确的内部反馈评价机制可能是运动技能水平提高的重要特征。但追加反馈在运动技能学习中也有重要作用，尤其是对于初学者来说，在自我内在反馈的获取和评价机制还不够完善的情况下，追加反馈可以向练习者提供更丰富的信息，可以增强（放大）动作操作过程中的各种感知觉信息，可以激励练习者付出更多的努力。对于高水平运动员来说，追加反馈也是不可或缺的。针对不同水平运动技能练习者，应该向其提供什么样的追加反馈？在什么时机提供追加反馈？以什么样的频率提供追加反馈？这些都是运动技能指导者或教练必须思考的问题。

反馈概念的由来

二、追加反馈的分类

在运动技能教学和训练过程中，由于追加反馈往往是由教师或教练提供给练习者的，因此，对追加反馈的合理使用和安排就成为运动技能教学方法改进的重要内容之一，也是运动技能学习领域需要不断探索研究的课题之一。根据提供信息的关注点不同，追加反馈可以分为结果反馈（Knowledge of Results，KR）和绩效反馈（Knowledge of Performance，KP）两类。

结果反馈提供的是与操作结果有关的反馈信息。例如，百米运动员在电子屏幕上看到自己的成绩是 10.3 秒；射击运动员在完成规定射击动作后，听到扩音器中播报的成绩是 9.8 环；教师告知学生，刚才的铅球投掷了 8 米等。

绩效反馈提供的是与操作过程（运动特征）有关的反馈信息。例如，田径小步跑练习中，教练对运动员说，脚掌鞭打地面节奏太慢；网球教练说挥拍太晚或者击球点太靠前。为了达到更好的教学目标和训练目标，通常还可以采用录像回放、动作技术解析数据、生物反馈等多种形式提供绩效反馈。例如，将动作操作时的肌电图作为绩效反馈提供给练习者，可以帮助其提高对肌肉收缩的精确控制能力。

表 11–1 列举了一些常见的结果反馈和绩效反馈实例，通过这些例子可以看出，结果反馈关注操作结果或目标的达成度，多以语言形式提供，简便易行，应用广泛。绩效反馈更侧重动作操作的特征，多采用录像、可视化数据分析等形式提供，可以为动作的学习、问题诊断、动作纠正提供更详细的过程信息，受到广大体育教师和教练的青睐。经验丰富的教练教师会根据学生的学习情况，将结果反馈和绩效反馈有效地结合起来使用。例如，田径教练告诉运动员，他的百米成绩为 11.3 秒（结果反馈），如果能在落地前将腿充分抬高折叠，增加步幅（绩效反馈），他的成绩还可以提高。

▶ **表 11–1　结果反馈和绩效反馈实例**

运动情境	反馈类型	实例
乒乓球	KR	教练说：这个发球很好
	KP	教练说：发球时，抛球高度要固定
脑卒中患者行走技能康复训练	KR	康复师说：今天步长达标率为 85%
	KP	康复师说：第三步步幅小了 5 厘米

续表

运动情境	反馈类型	实例
抓举	KR	看到计分器上提示成绩为 170 千克
	KP	观看抓举动作过程中三角肌的肌电图
驾驶模拟器	KR	超速时，蜂鸣器发出“嘀嘀”声
	KP	观看 10 000 米行程中超速的总距离和时段分布

第二节 追加反馈的作用、频率与时机

一、追加反馈的作用

（一）提供信息

在运动技能学习中，追加反馈最重要的作用就是提供更丰富的信息。追加反馈可以为练习者提供动作操作结果、动作操作过程等信息。例如，篮球教练经常说：“别总盯着球，把头抬起来，眼睛看前方。”体操教练说：“助跑要保持节奏，手脚要注意定位。”游泳老师强调：“划水后双臂要内收，有夹水的动作。”这些信息是练习者理解感觉信息、确认操作效果、发现操作问题、纠正操作动作的基础。

（二）动机作用

追加反馈可以激励练习者付出更多的努力，坚持更长时间，持续向目标靠近。例如，当运动员在训练中已经很疲劳时，教练说：“你做得很好，再坚持一下”“再加一把劲，把动作做完整”等。这些语言不仅能帮助运动员克服疲劳，努力完成任务，还可以提高其对技能操作能力的自我认知，积累积极情绪。因此，在体育教学训练情境中，教练或教师可以通过提供追加反馈，帮助练习者获得运动技能，提高其对技能操作能力的积极认知，促进其积极参与体育活动。

（三）强化作用

教育心理学的奠基人桑代克（1927）提出学习的效果律，认为在由某

刺激引发的行为之后，伴随愉悦体验或奖赏将增加该行为在类似情境中出现的可能性，反之，如果在行为之后，伴随不愉快体验或惩罚将减少该行为出现的可能性。我们将行为之后给予个体的奖赏（正强化）和惩罚（负强化）称为强化。研究显示，在运动操作后，提供追加反馈也具有强化作用，可以增加目标行为出现的可能性，或减少非目标行为出现的可能性。比如，某练习者在完成操作后，指导者对其表示肯定，这样会增加今后做出类似操作的可能性。

（四）依赖作用

过多的追加反馈可能会削弱内在反馈的作用，反而会阻碍运动技能的学习。最近有研究者发现，指导者过于频繁地给予练习者各种类型的追加反馈，会使练习者对指导者的追加反馈产生依赖，这种依赖性不会随着练习者运动技能水平的提升而减弱。对某种类型追加反馈的依赖会影响练习者自我内在反馈的精细化发展，最终阻碍其运动技能水平的提高。

因此，追加反馈既有助于运动技能的获得，又可能阻碍运动技能的获得。针对不同水平的练习者，不同类型的运动技能，为建立最佳的教学训练模型，提供的追加反馈在形式上、内容上、次数上都是需要不断探索的问题。

二、追加反馈的频率

（一）绝对频率和相对频率

追加反馈的频率反映了提供追加反馈的频繁程度。通常可以用绝对频率和相对频率来描述追加反馈的频率。绝对频率就是练习中所有提供追加反馈的练习次数，相对频率就是提供追加反馈的练习次数占总练习次数的百分比。例如，100 次练习中，有 90 次提供了追加反馈，绝对频率就是 90 次，相对频率就是 90%。由于绝对频率受练习总次数的影响较大，因此多采用相对频率指标来反映追加反馈的频率。在相对频率高的练习策略中，追加反馈提供得更频繁。

（二）降低追加反馈的频率

已有研究证实，最佳的追加反馈频率并不是 100%。最有影响力的研究证据来自 Winstein 和 Schmidt（1990）的研究，他们的研究显示，100% 频率的追加反馈不利于运动技能的学习，而没有追加反馈的练习同样也不利于学习。该文发表后引发了一系列的研究，为降低追加反馈频率有利于学习的观点积累了丰富的实证证据。

为什么低于100%频率的追加反馈更利于技能学习呢？目前存在三种解释：第一种观点认为，每次练习后都获得追加反馈，会使练习者出现信息“超载”现象，超出了练习者加工和掌握的能力限度。第二种观点被称为指导假说，认为每次练习后提供追加反馈，会造成练习者对追加反馈信息源的依赖，在缺失该信息时，动作操作绩效下降。第三种观点认为，低于100%频率的追加反馈策略，促使练习者在没有提供追加反馈的练习中，积极进行认知、问题解决等活动，形成积极的学习策略，从而促进运动技能的获得。由Schmidt提出的指导假说指出，追加反馈引导练习者不断接近动作技能学习的目标，但是，如果提供追加反馈太频繁，练习者就会产生对追加反馈的依赖，因此无法获得追加反馈或独立操作时，运动绩效反而会变差。

（三）降低追加反馈频率的策略

为了有效地降低追加反馈的频率，研究者们提出了带宽反馈、小结反馈、平均反馈、自我控制反馈4种策略。

1. 带宽反馈

带宽反馈策略由Sherwood在1988年提出，核心观点是练习表现在预设绩效（或错误）范围内不提供追加反馈，反之则须提供追加反馈，帮助练习者纠正动作。例如，手臂侧平举动作中，预设可以接受的绩效范围是90°±10°（手臂与躯干夹角）。学生A第一次练习，手臂与躯干夹角为75°，需要提供追加反馈。第N次练习，手臂与躯干夹角为95°，小于预设范围，不提供追加反馈。带宽反馈策略对于初学者非常有效，可以有效降低练习者的信息负荷。

2. 小结反馈

小结反馈策略是指教练或教师详细记录练习者每次练习的情况，但并不在每次练习后马上提供给练习者，而是在练习若干次后，一次性向练习者反馈已完成的情况、每次练习的操作情况。表11-2是教师进行网球正手击球教学时，每3次练习后给练习者提供小结反馈的实例。

3. 平均反馈

平均反馈与小结反馈策略类似，只是在提供反馈时，不再详述每次练习的具体情况，而是概况地描述已完成练习的总体或大致情况。还用表11-2的例子，采用平均反馈策略，教师的反馈可以是：前三次练习中，有一次动作的击球时机刚好，有一次击球时站位离球过近，出现一次错误的击球动作。后三次练习中，击球动作基本正确，挥拍时机掌握较好，击球时站位把握不好。

▶　表 11-2　小结反馈实例

序号	练习次数	挥拍时机	击球时站位	击球动作正确性
1	1	过早	好	正确
	2	好	离球过近	错误
	3	过晚	好	正确
2	4	好	离球过远	正确
	5	好	离球过近	正确
	6	过晚	离球过远	错误

4. 自我控制反馈

自我控制反馈是指练习者根据自己的需要决定是否获得追加反馈，如果练习者觉得不需要，就不提供；反之，则提供。这种策略要注重个体差异，能充分调动练习者的主动性，鼓励其积极发展自身的错误觉察机制，减少对追加反馈的依赖。

三、追加反馈的时机

追加反馈的时机是指相对于练习时长，在练习中或练习后提供追加反馈的时间点。追加反馈的时机与练习者对追加反馈信息的使用直接相关，影响运动技能学习的效果。追加反馈的时机主要涉及两个问题：一是练习过程中，还是练习结束后提供追加反馈？二是如果在练习结束后提供追加反馈，是即刻提供好，还是延迟提供好？下面围绕这两个问题来分析追加反馈时机对运动技能学习的影响。

（一）同步与末端追加反馈

在练习者动作操作过程中提供追加反馈，称为同步追加反馈。在练习者完成技能操作后提供追加反馈，称为末端追加反馈。

1. 同步追加反馈

绝大多数的研究成果显示，同步追加反馈不利于运动技能的学习。可能的原因有：① 同步追加反馈易造成练习者的信息超载。② 同步追加反馈更容易让练习者忽略重要的感知觉信息，形成对追加反馈的依赖。

此外，还有少数研究显示，同步追加反馈可以促进运动技能的学习。这类结果通常出现在动作操作的感知觉信息缺失，或感知觉信息很难理解和使用的运动任务中，此时，同步追加反馈加强了动作操作的感知觉信息，有助于练习者理解和应用感知觉信息操作动作。

总之，在大多数情况下，同步追加反馈不利于运动技能的学习。但是，如果同步追加反馈能引导练习者将注意指向动作操作的关键特征或关系时，就会起到积极的作用。

2. 末端追加反馈

根据已有研究结果，末端追加反馈对运动技能学习的影响有4种：① 末端追加反馈是运动技能学习的必要条件，没有追加反馈就没有学习。② 可有可无，没有影响。③ 可以促进运动技能的学习。④ 会阻碍运动技能的学习。

针对上述多样的研究结果，学者的观点是：① 如果练习者不能获得或无法运用关键的感觉信息时，末端追加反馈就是运动技能学习的必要条件。② 当末端追加反馈可以帮助学习者注意、理解或使用关键的感觉信息时，就起到积极作用，反之就阻碍运动技能的学习。

（二）即刻与延迟追加反馈

传统观点认为没有反馈就没有学习，应及时提供追加反馈。随着研究的深入，更多的研究成果支持：延迟追加反馈更利于运动技能的学习。Swinnen 和 Schmidt 等人认为，运动后过早地提供追加反馈不利于个体自身觉察错误能力的形成，对学习产生负效应。近来的研究则进一步提出，延迟提供的追加反馈不宜离下次练习开始的时间过近，否则也不利于运动技能的学习。提供追加反馈的延迟时间并不是一个固定值，它受任务难度、任务性质、个体技能熟练程度、年龄和感知觉信息获得等多种因素的影响。同时，在延迟提供追加反馈期间，鼓励学习者积极地进行认知活动，从而有利于运动技能的获得。这些积极的认知活动包括根据感知觉信息评价动作操作情况、制订下一次练习的动作计划等。

第三节　追加反馈与教学训练实践

追加反馈是体育教学训练中常用的教学手段。根据前面两节基本知识的介绍，怎样在恰当的时间，以恰当的频率，向学习者提供有益的信息，是每一个教练或教师都需要思考的问题。

在体育教学训练实践中提供追加反馈须遵循的原则是：① 利于运动技能的学习。追加反馈提供形式、频率、内容、时机的确定都要符合促进运动技能学习的最终目标。② 适合学习者。应该根据学习者的个体特征、认知特点、学习阶段等确定提供追加反馈的策略。③ 可实现。在现有的教学、训练条件下，追加反馈提供的策略、方法、手段具有可操作性。下面分别从追加反馈的内容、频率、时机等方面提供一些具体的应用建议。

一、追加反馈的内容

学习者的动作操作中包含多种特征（信息），这些信息并不都适合作为追加反馈的内容。教练或教师必须科学地选择追加反馈的内容，才能起到促进学习者运动技能掌握的作用。一般来说，追加反馈内容的选择应遵循以下原则：

（1）可控性。追加反馈的内容应该关注学习者可以操作和控制的动作特征。例如，网球击球中，对方来球的方向是不可控的，不宜作为追加反馈的内容，而学习者跑动起动时机、挥拍开始时机、挥拍动作、挥拍速度等都是可控信息，可以作为追加反馈的内容。

（2）动作模式优先。追加反馈内容应该优先选择基本动作操作信息（特征）。例如，网球正手击球中，与落点判断不准相比，手臂挥拍动作不正确应该优先反馈。

（3）发展性。追加反馈内容应根据教学（训练）目标、学习者学习进程、学习者自身特征、教学条件（环境）的变化进行动态调整。

关于追加反馈内容的应用建议如下：

（1）当需要激发学习者的学习动机时，KR 更有助于激励学习者继续努力。

（2）当学习者无法确定动作操作的结果时，可以提供 KR，帮助其建立动作操作与动作结果之间的关联，促进运动技能的掌握。

（3）在体育教学训练中，应将KR和KP有效结合起来，充分发挥追加反馈的动机和信息作用。

（4）追加反馈内容如果关注动作操作正确的环节和特征，有助于激励学习者持续努力。

（5）追加反馈的内容可关注动作操作中出现的错误，还应该提供如何纠正这些错误的信息，这是促进运动技能学习的有效教学手段。

（6）学习初期，追加反馈内容应侧重基本技术动作、运动模式的建立，不应过多关注精细的动作控制细节。

（7）当掌握了基本的技术动作、运动模式后，可以适当增加对动作控制细节的反馈内容，以帮助学习者体会和形成对动作的良好控制。

（8）针对动作控制细节的反馈内容并不是越精细越好，应根据学习者可以理解和使用的情况来确定。动作操作控制较好（运动技能操作水平高）的学习者可以提供较精细的、数量化的追加反馈。

（9）采用录像等形式的追加反馈时，应在观看前（中）指出重点关注的基本动作、运动模式、动作控制细节等，以帮助学习者更有效地获得和使用追加反馈的信息。

（10）采用生物反馈、技术动作的运动分析图形、力学曲线等非语言形式的追加反馈时，应讲解上述曲线、指标代表的含义，以及与动作操作之间的关系，以帮助学习者更有效地使用追加反馈。

二、提供追加反馈的频率

100%频率的追加反馈并不利于运动技能的学习。为了避免信息超负荷，以及对追加反馈产生依赖，在体育教学训练中应降低提供追加反馈的频率，具体应注意以下方面：

（1）学习初期，在没有掌握基本的技术动作、运动模式之前，应该较频繁地提供反馈。

（2）在掌握基本技术动作、运动模式，能发现和纠正简单操作错误后，应降低反馈的频率，直至不提供反馈。

（3）应根据学习者的特点制定降低追加反馈频率的策略。有前期经验、动作掌握较快的学习者，应尽快地降低反馈频率。对于动作掌握较慢的学习者，可以缓慢地降低反馈频率。

（4）与初学者相比，技能熟练的个体需要追加反馈频率相对更低。

（5）学习操作复杂运动技能初期，需要相对较频繁的追加反馈，随着基本技术动作、运动模式的掌握，应降低追加反馈的频率。

（6）学习操作开放性运动技能初期，需要相对较频繁的追加反馈，而学习封闭性运动技能时，应降低追加反馈的频率。

（7）带宽反馈、小结反馈、平均反馈、自我控制反馈都是有效降低反馈频率的方法。为了避免单调，可以交替或结合使用这些策略。

（8）通过小结反馈，将操作的某些特征用图表示，以增强效果，而且在没有达到提供小结反馈的练习次数前，不应让学习者看小结反馈的图表。

（9）在阶段性练习结束后，可以将小结反馈图表让学习者保存，鼓励学习者积累自己进步的痕迹，增强他们的学习动机和兴趣。

（10）大班授课时，学习者人均获得追加反馈的练习次数较低，要尽量增加他们获得反馈的练习次数。

（11）大班授课时，可以鼓励学生之间相互提供反馈，这样可以增加学习者获得反馈的机会。

（12）大班授课时，应较频繁的在学习者之间移动，在走向下一个学习者之前，至少提供 1~2 次练习反馈。

（13）小班授课时，避免相对频率高于 50% 的反馈，以免出现对频繁反馈的依赖。

三、提供追加反馈的时机

在体育教学训练的恰当时机提供追加反馈，应注意以下几点：

（1）当视觉受限或无法获得关键的感知觉信息时，应提供同步追加反馈。

（2）尽量不要在操作后即刻提供追加反馈，这将不利于运动技能的学习。同步追加反馈和即刻追加反馈不利于运动技能的学习。

（3）在提供追加反馈前，应鼓励学习者先对已完成的动作结果和操作过程特征进行自我评估。

（4）提供追加反馈与下次练习开始的时间不宜相隔过短，否则不利于将来动作计划的制订。

（5）在运动技能教学训练过程中，追加反馈提供时机的策略应根据学习者的学习情况和自身特点进行动态调整。

（6）对于有前期经验、运动技能掌握较快、技能水平较高的学习者应延迟提供追加反馈。而对于运动技能掌握较慢、技能水平较低的学习者，在学习初期可以相对及时地提供追加反馈。

（7）学习复杂或较难的运动技能初期，应及时地提供追加反馈。当掌握或建立基本的运动模式后，应延迟提供追加反馈。

（8）学习开放性运动技能初期，应相对及时地提供追加反馈。而学习封闭性运动技能时，应适当延迟提供追加反馈。

思考题

1. 什么是追加反馈？追加反馈与反馈的关系是什么？
2. 追加反馈可以分为哪两类？请各举例说明。
3. 如何理解追加反馈在运动技能学习中的作用？
4. 什么是追加反馈频率？什么是追加反馈的相对频率？
5. 有效降低追加反馈频率的策略有哪些？
6. 如何理解同步追加反馈对运动技能学习的影响？
7. 如何更有效地选择追加反馈的内容？
8. 结合实际谈谈有效提供追加反馈频率的策略。
9. 在体育教学训练中，提供追加反馈的时机应注意哪些方面？

第十二章

个体差异与运动能力

本章导读

为什么刘翔能成为优秀的百米跨栏运动员，而姚明可以成为优秀的篮球运动员？有两个重要因素决定他们的成功：一个是先天因素，如体型、肌肉类型、神经活动特点，这种因素往往是稳定的，不容易改变。另一个是后天因素，如练习方法、心理状态，这种因素往往是暂时的、容易改变的。在运动技能学习方面，人与人之间也有很多的不同。导致个体间差异的原因，一来自于先天的运动能力，二则源于后天的练习。

学习目标

1. 了解运动员之间个体差异的先天原因和后天原因，掌握运动能力的概念以及与运动技能的区别和联系。

2. 熟悉运动能力的种类及测量方法，了解运动能力与选材的关系。

3. 了解如何分析运动项目的特点并提出选材要求。

个体差异是指人们在完成某种任务时所表现出来的稳定的、持久的差异。人和人之间的差异有很多，有些是稳定的、持久的，有些是不稳定的、暂时的。在运动中，我们要通过绩效去辨别个体差异，找出那些稳定的、持久的差异，排除那些不稳定、暂时的差异。在判断这种差异是否属于个体差异时，需要考虑：① 这种差异是否在每次测验中都同样存在。② 这种差异的持续时间是否较长。③ 在单独的一次测验中，技能绩效的差异并不能代表个体差异。

研究个体差异有两个目的：一个是理论上的，就是要研究是否有一种潜在的东西（这里称为能力）决定了个体间的技能绩效的差异，如何来描述这些能力，如何来测量它们；另一个是应用性的，即有关预测问题，通过对能力的测量来预测个体将来在运动或工作岗位上的技能水平，挑选将来可以成功的人，剔除那些不能成功的人。因此，本章有关个体差异的内容主要包括能力和预测两个部分。

第一节 运动能力

一、能力的概念

能力是个体在完成各种运动和认知活动中必须具备的相对稳定的、持久的特质。一般认为能力是遗传的，不会因练习或经历而改变。

能力的种类有很多，如视敏度（视网膜分辨影像的能力）、色觉（对颜色的辨别能力）、身体特征（身高和强壮程度）、数字计算能力、反应速度、操作灵巧性、运动感受性。这些能力散布在整个运动控制系统的各个环节，比如，在刺激辨别阶段会涉及个体的视敏度、色觉等能力；在肌肉活动环节会涉及个体的身体特征方面的各种能力；在感觉反馈环节会涉及个体的运动感受能力。所以，不同能力所导致的个体差异，一些会表现在知觉与决策方面，一些会表现在运动的组织和计划中，还有一些会表现在运动程序和反馈评价中。

能力究竟有多少种？目前还没有人能回答这个问题。Fleishman（1957）提出的以下几种能力对于我们以后的工作有一定的借鉴意义：① 多肢体协调。② 空间定向。③ 手指灵活性。④ 手和手臂的稳定性。⑤ 视敏度。⑥ 反应时。⑦ 移动速度。⑧ 操作灵活性。⑨ 机械操作能力。⑩ 运动感受性。迄今为止，研究者已经确认了20多种认知和运动方面的能力。Schmidt认为最终会有大约50种不同的能力被确认。在确认这些能力的时候，一定要遵循前面提到的辨别原则——遗传、稳定和持久，而且各种能力之间应该相互独立。

能力既需要定性，也需要量化。每个人都具备这些能力，只是具备的程度不同，一些人在某些能力上比另外一些人强。有的人听力很差，但视力很好，运动感觉却一般。遗传物质决定某人的一些长处和短处，这些可以解释他为何在某种技能上表现出色，而在别的方面不行。俗话说天生我材必有用。

特定的任务就需要特定的能力。比如，穿针线，需要很好的视敏度以及手与手臂的稳定性，但不需要很大的力量，而举重正好相反。在不同的任务中，人们的技能水平依赖于少数潜在能力的组合。根据这一观点，在掷标枪项目中，表现特别好的人一定会有与该任务有关的能力，但这并不能保证他也具有完成其他任务的能力，如击剑，因为它需要不同的潜在能力。

二、能力与技能的区别

能力和技能这两个词在日常使用中经常被混用，但作为学术探讨，区分这两个概念非常重要。科学家通常将能力定义为由遗传决定的不受练习或经历影响的特质，也就是能力被看作是生来就有的，作为完成不同具体任务的基本“成分”。这样的界定显然有些绝对，但如果将能力看作与技能类似的并具有较大的可变性，将更加不利于对两者的区分。

技能是指对特定任务的精通程度。比如，某运动员的投篮命中率高，意味着他的该技能水平高。技能很容易受练习的影响，而且技能的种类很多。因此，我们说某人有很好的视觉能力，这是在说他天生的视觉方面的特长。但是，他通过大量的练习，能够在乒乓球运动中快速识别对手的动作模式，这就属于技能的范畴。能力与技能之间的差异如表12-1所示。

▶ 表12-1 能力与技能的区别

能力	技能
遗传特质	通过练习获得
稳定持久	受练习改变
大约50种	不计其数
是不同技能的基础	依赖于几种能力

一般而言，我们把能力看作是技能的前提和基础。如果换一个角度，也可以把能力看作是限制技能提高的因素。没有很好平衡能力的人就没有勇气去参加马戏团的走钢丝任务。因此，对于特定的操作任务，缺乏所需要的能力，就会限制个体的操作绩效，因而也达不到他人所能达到的水平。由于技能是需要练习才能提高的，因此，尽管某些新手不能有效完成某项任务，但由此就推测他不具备这方面的能力也是不对的，也许通过足够的练习会改变这一切。

三、能力的现代观

Henry 的特殊性假设预测了技能之间不应该有什么相关，但是，许多证据又显示出技能之间的相关并非是零。尽管看起来很低，但比“零”还是要大得多。因此，在一般运动能力和特殊运动能力这两种观点之间，一个折中的观点也许可以解释这些现象。

这种观点是 Fleishman 在 1950 年至 1960 年对美国年轻军人的大量研究后提出的。Fleishman 使用了因素分析的方法，对大量的测试进行了分析，从中归纳出较少的潜在能力。而且，这些能力如同 Henry 的观点，被认为是相互独立的。因此，当你具备某种较强的能力，并不能证明你的其他能力也较强。Fleishman 与 Henry 的观点之间的最大差异是能力的种类以及在与特定任务的关系方面。目前，还很难知道究竟有多少种不同的能力。

四、一般运动能力与特殊运动能力

（一）一般运动能力

数量众多的运动技能是否是建立在少数几种能力之上的呢？这些能力是什么？怎样去描述和测量它们？早期有关人类能力结构的理论认为，所有的技能都会受某种单一的共同的因素影响。在认知或智力活动领域，这个共同的因素称为一般能力或智力。通常用智商（IQ）来描述和测量它。在运动技能领域，可能也存在相应的一般运动能力。

为了测量运动员从事体育运动所需要的一般运动能力，Brace（1927）和 McCloy（1934）设计了很多测试人体各种活动的方法。他们认为有一个共同的因素（一般运动能力）影响着个体所有的技能。因此，如果某人有较强的一般运动能力，就会在所有运动测试项目中都表现出色。这种观点与早期人们认为高智商的人在认知任务和学校学习中成绩较为优秀的观点相类似。而且，认知能力（智力）和运动能力（一般运动能力）是相互独立的，智力与运动能力之间没有太大的关系。可是，现在的研究者发现，这种观点大部分是错误的。我国学者张力为等人（1993）对运动智力这一概念进行了探讨，认为优秀运动员之所以在某些心理因素方面优于普通人，主要表现在“软件系统”方面，即后天的、环境的或训练的因素所引起的，而不是在“硬件系统”方面。

关于一般运动能力的概念初看起来似乎有一定道理，因为它与某些现象一致。比如，有些人在各种运动项目中都表现出色，他们似乎具备一种潜在的能力来从事运动。另一方面，一些人不善于从事这些运动，其原因是他们缺乏一般运动能力。因此，自然而然就得出体育运动是基于一般运动能力的观点。从这一观点出发，所谓全能型运动员就是那些具有较高一般运动能力的人。这种一般运动能力观点认为：① 存在一种单一的、遗传的运动能力。② 这种能力影响着所有的运动任务。③ 一个具有较强一般运动能力的人应该在各种运动任务中都表现出色。

尽管这一观点听起来很有道理，但是，至今没有足够的科学研究证据支持一般运动能力的观点。一般运动能力观点认为任何两种运动任务必定会涉及相同的单一运动能力，因为这一能力存在于所有任务之中。这意味着，任意两个能够测量类似平衡、敏捷性、反应速度等运动应答任务的测试结果之间相关性会很大。研究者考察了一些实验数据，以确定是否能发现技能间的高相关。Drowatzky 等（1967）对有关平衡的 6 个测试进行了分析，计算了任意两个测试之间（15 对）的相关系数，结果显示，相关系数最高的只有 0.31，其他的相关系数更低，在 0.03~0.26 之间。即使是最高的相关系数 0.31 也只意味着两种测试之间只有 $0.31^2 \times 100\% \approx 9.6\%$ 的共同成分，其余超过 90% 的能力是不同的。因此，很难认为存在单一的、潜在的一般运动能力来决定各项测试中的个体差异。

除了这些有关平衡能力的研究以外，在 Lottor（1960）对移动速度的研究中，也发现了类似的结论，在任意两种测试之间的相关系数中最大的只有 0.36。在 Fleishman 等（1962）的军队技能测试程序中的 50 个测试中，两个测试之间的相关系数几乎都小于 0.5。总之，这些文献都不支持运动技能是建立在单一的一般运动能力基础之上的观点。也就是说，虽然运动技能是以运动能力为基础，但并不存在一个能够影响所有运动技能的单一的一般运动能力。

（二）特殊运动能力

Henry（1958，1968）认为运动行为是基于众多的能力，甚至多达几千种，这些能力之间相互独立。这种观点被称为特殊运动能力学说。如果某人具备某种较强的能力，并不意味着他的其他能力也较强。另外，对于任何给定的任务，如投篮，可能基于好几种能力。对其中的一些能力需求较强，而对另外一些能力需求就较弱。高水平网球运动员是天生具备较强的与打网球有关的能力，但如果让他去跳水，他就不一定出色了，因为他可能不具备与跳水有关的能力。Henry 的观点很好地解释了为何非常近似的任务之间的相关系数不高的原因。

特殊运动能力学说有以下假设：① 有许多能力存在。② 能力之间相互独立。③ 一个技能基于许多种能力。④ 不同的技能建立在不同的能力组合之上，对各种能力的强弱要求也不同。

Henry 为了证明他的想法，研究了 4 组不同的被试，篮球、体操、射击以及从没有参加过体育运动的人。他比较了这几组人在实验室中新任务的技能，如果一般能力观点是对的，那么，那些具有较强能力的运动员应该比非运动员在实验室的技能要好。他发现这几组被试的操作非常接近。这就支持了他的特殊性观点，并提供了否定一般能力观点的证据。

（三）全能型运动员

有时候，我们也会发现有些运动员在许多运动项目中都表现出色。因此，也不是很容易否定存在一般运动能力的可能性。但仔细考虑，有一些因素能导致出现近似的一般运动能力。比如，有的家长非常支持体育活动，而有的家长不支持，这就使得儿童有不同的参加体育活动的机会。参加体育活动的经历提高了他们的运动技能，并进一步促使他们加入俱乐部或运动队，使他们得到更多的练习机会。而没有得到类似的强化就不具备这些技能的儿童，就形成了认为他们运动能力较低的印象。

身体结构也是一个重要因素。较早成熟的儿童青少年显得高大、强壮，在大多数运动技能上表现较好，这促使他们参加更多的体育活动，显示出具备较高的一般运动能力的印象。

总之，有关全能型运动员的形成由以下几个因素引起：① 父母对体育活动的不同支持会导致拥有不同的经历。② 体形因素占优势的个体如身体高些、壮些，在早期运动训练中拥有优势。③ 一般人格特质也会影响许多种体育活动。

（四）对一般能力的重新思考

一般运动能力还可能以某种方式存在。在大多数的技能背后，可能会有微弱的一般因素，使具有较强一般运动能力的个体领先一步。在正常情况下，这种能力的作用不会太大，使得技能之间的相关性较低。也许这种能力与智力的概念较为接近。因为智力被认为是一种微弱的、普遍意义的能力，是所有认知能力的基础，而特殊能力是最重要的。

（五）技能实施中的能力

有关能力的部分可以用图表的方式概括为超能力、能力以及技能这几个概念。在结构的顶层是超能力，它影响着所有独立的运动能力；第二层是20~50个运动能力，它们提供了操作的特殊才能。

对于特定的一种运动技能，如赛车驾驶，它只与少数几个潜在的能力有关，如移动速度、操作灵活性、反应时间等，其他的能力可能与它无关。这支持了特定运动技能建立在几个潜在能力基础之上的观点。同时，不同的技能可能同时涉及共同的潜在能力。比如，橄榄球运动员的能力类型与赛车手的能力类型有较大差异，但某些能力可能被两种技能都采用（如反应时），而其他能力并不被两者共享（如手指灵活性）。

能力就像放在工作台上的不同种类的工具，有许多这样的工具（50个），每一种工具都被设计做特定的工作，如切割木板、敲钉子。任何一个特定的工作需要用到几种不同的工具，不同的工作需要不同的工具组合。工作的种类不计其数，但所有这些都靠少数几样工具来完成。能力就是遗传获得的为完成技能的工具。总之，能力和技能的关系是：① 任何技能都以几个基本的运动能力为基础，其中有些能力起关键作用，而其他作用较少。② 两个不同的技能需要不同的潜在能力类型。③ 两个不同的技能可能需要某种相同的能力。

第二节 预测与选材

一、技能分类与任务分析

在第一章中，我们已经对运动技能进行过分类，包括将运动技能分为开放式技能和闭锁式技能，或者将运动技能分为系列性技能、连续性技能和非连续性技能等。基于对个体差异和能力的研究，运动技能还可以有另一种分类方法。这种分类可能更加精确，在实践应用中也更加有效。另外，这种分类方法是通过任务分析将运动任务分成几个部分，这对于技能练习的组织和指导都很有帮助。首先，学习不同类型的运动技能应该遵循不同的学习原则，针对不同类型的运动技能采用相应的教学方法有助于提高教学效果。其次，如果了解了某种运动技能需要较强的认知能力或者是运动感觉能力，就可以在教学中有针对性地强调这一方面的内容以提高教学效果。最后，通过任务分析，可以帮助学生选择更加适合的运动，或者为某个运动队选择合适的参加者。

（一）基于能力的分类

对运动技能进行分类的一个有效方法是根据该运动技能所需要的潜在能力来分析。比如，羽毛球运动需要快速的反应、准确的应答指向和应答整体性。赛车驾驶需要快速反应、手的移动和操作灵敏性。这是类似于将“面点”与“大饼”根据它们的原料进行分类一样，如果通过“原料”将技能进行分类，这将比简单分类（开放式和闭合式）更精确。

（二）粗略的分类

根据能力对运动技能进行分类，从结果的不同精确度来说，可以有粗略的划分和精细的划分两种。我们可以询问自己或者熟练者，在完成某运动技能时需要什么样的能力。因为教练、教师对技能较为熟悉，这种分析是不会有很大错误的，足以粗略地指出该运动技能所需要的各种能力。比如，虽然目前还没有关于赛车手的准确数据，我们猜测赛车驾驶员应该具有反应时、移动速度和操作灵敏性等能力。因此，可以通过咨询高水平技能者来证实这一猜测的可靠性，因为他们对该技能具有较高水平。

但有时候，即便是高水平运动员，他们也不知道是如何做出这些动作的。我们知道，在运动技能中有许多过程是无意识的，如运动程序的实施和对视觉搜索模型的识别。因此，操作者无法了解它们。一个自行车冠军甚至不能解释他是如何在自行车上保持平衡的。一位著名的棒球选手声称，在他将球击回去之前，一直可以看到球是在向上方旋转的。但我们知道这是不可能的，从眼球移动速度、视觉信息加工的速度等方面考虑，他是无法看清楚这些的。因此，即便是比赛冠军，也不能科学地解释他们的技能发生过程。

（三）精确的分类

借助流程图可以更深入地进行任务分析，引导高水平运动员回答出某些更加稳定的、可靠的东西。如图 12–1 所示，从“开始”处询问高水平选手，要求回答每一个问题，并随着流程进入下一个问题。比如，任务是棒球中的投球，选手可能在第一个问题上回答“是”，第二、三个问题也一样，这样就可以得到结论，这一任务需要控制准确性以及有效控制力量动作的能力，同时，这里清晰地显示出反应时和频率控制不是因素。

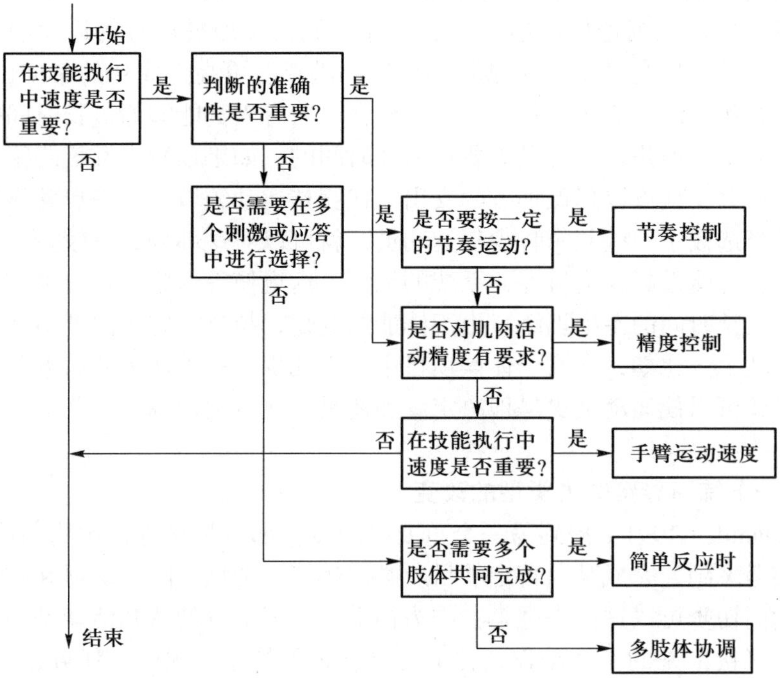

图 12–1　任务分析法的流程

（引自 Fleishman 和 Stephenon，1970）

这种流程图的方法已经在军队和工业中被有效应用，当然，在体育运动中也有足够的应用空间，但对于开发实用方法的基础研究还没有被重视。

二、预测与选材

如前所述，对个体差异研究的另一个重要目的是对个体未来的操作绩效或技能水平进行有效的预测。在各行各业，预测是提高效益、节省成本、制定发展策略的重要手段。在竞技运动领域，教练需要预测年轻运动员将来是否能被训练成为成功的运动选手。比如，邱宜均（1983）提出了运动员心理选材的意义以及具体的内容方法。测试某一运动员当前的运动水平是非常容易的，但是，要预测他成长以后或者训练之后能否成为一名优秀的选手，就不是一件容易的事了。一方面，教练需要了解优秀运动员（或称为校标任务）必须具备哪些能力；另一方面，教练还需要了解如何测定这些能力，并且依据正确的选材模型从众多参与者中选出最佳的人选。

准确预测出运动员最终在该项目上所能达到的技能水平是非常有意义的。我们可以根据他们的能力特点引导他们去参加最适宜的运动项目。这样，他们就会容易适应这个项目的训练，满意度更高，成功的希望也更大。虽然，有些人认为应该给每个人一些机会，所有人都能够通过长时间的训练来获得成功，但是，训练是需要财力和时间的，如果预测出谁最终很难获得成功，那么，就可以降低训练的支出。在竞技运动领域，这一点就显得更加重要。当选拔了一些儿童青少年运动员，就可以对这部分数量较少且将来有较大成功可能性的人进行专业系统的训练。这也使得这些儿童青少年运动员能接受更长时间的专项训练。由于体能的变化，超过一定年龄就不适合参加竞技运动了。比如，在女子体操项目中，十几岁后就被认为“太老”了。预测得当，可以使运动员更早地决定参加还是改变专项训练。

（一）练习导致能力类型的改变

Schmidt（1991）提到另一个重要的观点，那就是在进行预测和选材时，必须要考虑到，完成某一特定项目所必需的能力类型会随着练习和经历而改变。我们初步可以这样去理解：作为初学者，大部分的认知活动是考虑做什么，回忆接下来的一个动作，并努力领会各种指令、规则、任务、计分等，因此，认知能力显得比较重要。通过一段时间的练习，练习者对运动技能有更多的理解，提高技能所需要的认知能力就被更多的与肢体动作有关的运动能力所代替。

虽然这种观点或构想也是一种假设，但这样的思考有助于我们更加深入地探讨在预测和选材中所遇到的问题和寻找合适的解决方案。假定我们已经了解了某初学者具备的各种能力，从图 12-2 中可见，当一个人还是初学者时，完成网球运动必须具备能力 A、B、D、E。经过一段时间的训练之后，所需要的能力类型发生了变化，熟练选手的能力模型包括 A、B、F、G。要注意到 A、B 能力在初学者和熟练选手中都存在，而 D、E 能力逐渐被 F、G 能力所代替，而 F、G 这两种能力在早期并不存在。也许 D、E 能力是认知能力，通过练习就不再需要了。其他能力如 C、H 自始至终没有出现在技能中。运动员的能力本身并没有改变，因为能力是天生的，不会因为练习而改变，而是技能练习改变了对能力的使用和选择。

初学者

A B D E

熟练者

A B F G

图 12-2 从初学者到熟练者，网球技能所需要的能力类型

（改编自 Schmidt 和 Wrisberg，2008）

在预测和选材工作中，困难在于有些个体具备在初学时的能力要求（A、B、D、E），但并不一定具备熟练者所需要的能力（A、B、F、G）。如果因为他们在初学时表现出色就选择他们，也就是说，他们具有较强的能力 A、B、D、E，但这样的预测是不全面的，也是不准确的。因此，我们既要了解练习者在技能的初学阶段所需要的能力类型，也要了解发展到高水平阶段所需要的能力类型。

（二）练习初期基于绩效的选材

根据上述观点，由于对能力类型的需求发生改变，如果依据早期练习成绩来选拔选手，就会遇到一个问题。通常，我们会邀请一大群儿童青少年来参加一个特定的活动，在经过一段相对较短时间的练习之后，表现较好的人就继续留在队里，而其他人则离开。参考图 12-2，假定某些人在练习的早期阶段表现出色，他具备能力 A、B、D、E，但这些人在进一步练习之后，可能并不能胜任高水平的技能要求，因为他们缺少能力 F、G。

同样，还有一个更重要的问题是，试想某人有高水平技能所需要的能力 A、B、F、G，但他不能在初学阶段体现出优势来，因为他的 D、E 能力不强。因此，他在短期的练习之后将不能留在队里。随着水平的提高，技能所需要的能力类型发生了变化，那么，如果你只根据初学阶段的运动成绩来选拔，就会失去许多合适的人。解决的办法只有让许多学习者都有机会参与尽可能长时间的练习，那样，学习者就会逐渐达到自己的最高水平。然后，再测定他们在较高水平阶段的技能绩效，这样的预测和选材会比较有效。

（三）预测的有效性

为将来的成功进行预测，听起来非常好，但在实际操作中，还是存在许多困难。很多研究者在这方面进行过尝试。他们一般都是先对选拔对象进行大量的预测测试。这些预测测试是用来测量各种潜在能力的。然后，他们会计算各个预测测试的成绩和效标任务（如高水平羽毛球技能）的绩效之间的相关，再用多重回归的方法，建立预测模型。从先前的研究文献中得知，这里的相关系数通常不太高，只有 0.3 或 0.4，最大的一个也只有 0.7。要知道，这意味着完成效标任务所必须具备的各种潜在能力中只有 49% 被预测测试反映出来，其他的潜在能力是无法知道的。虽然对这个问题还没有系统的研究，但这样的结果说明在运动领域的预测还不太有效。

（四）影响有效预测的因素

1. 能力类型难以了解

预测的困难之一是还没有很好地了解高水平运动技能所需要的能力类型。教练通常会有一些有关这些能力的观点。比如，篮球运动员需要个子高，橄榄球队员需要体格壮。除此以外，了解甚浅。即便对这些能力有一定的了解，但还是没有人真正知道如何在实践中测量它们。因此，正因为对某项目所需要的潜在能力了解不够和测量的困难，所以，无法进行有效的预测。

2. 能力的种类太多

即使已经了解了某种运动技能所需要的一些能力，而且知道如何测量，但具备高水平运动技能还存在其他一些必须具备的能力。比如，50 种能力中必须有 15 种被测量出来才能进行有效预测，这些测试需要大量的时间和经费。但如果许多能力被忽略掉，这种预测的效果也会大打折扣。

3. 能力类型的改变

随着练习的进行，运动技能所需要的能力类型会发生变化，这使得预测变得更加困难。在技能的初学阶段和熟练阶段所需要的能力类型不同，在预测测试时，也要相应调整测试项目。但我们对这种能力类型的变化还没有系统的研究，使得当前的一些预测工作不太有效。

思考题

1. 简述能力与技能的区别。
2. 简述影响正确选材的因素。

主要参考文献

1. 陈敬，章建成，金亚虹. 任务性质对反馈频率适宜值的影响［J］. 上海体育学院学报，2008，32（6）：48-51.

2. 程勇民. 关于运动领域中专家与新手的认知差异研究［J］. 南京体育学院学报（社会科学版），2006，20（3）：11-14.

3. 邓磊，任杰，郭黎. 重剑运动员弓步刺动作协调性的非线性动力学特征［J］. 上海体育学院学报，2011，35（2）：16-19.

4. 冯琰. 高水平花剑运动员认知优势特征及神经机制研究［D］. 上海体育学院，2008.

5. 郭秀艳. 内隐学习和外显学习关系评述［J］. 心理科学进展，2004，12（2）：185-192.

6. 金胜真. 练习变异性对学习篮球投篮效果影响的实验研究［J］. 体育研究与教育，2013，28（4）：103-106.

7. 金亚虹. 运动技能学习中影响自身觉察错误能力形成的若干因素研究——从结果反馈时间点适宜值的视角［J］. 体育科学，2005，25（1）：91-95.

8. 金亚虹，章建成，任杰. 任务复杂程度对结果反馈时间点的影响［J］. 北京体育大学学报，2005，28（8）：1059-1062.

9. 李今亮. 乒乓球运动员接发球判断的思维活动特征［D］. 北京体育大学，2005.

10. 李佑发，魏高峡. 21世纪初国际运动心理学四大期刊研究状况透视［J］. 北京体育大学学报，2006，29（6）：769-771.

11. 刘南庚，雷敏. 基于小波和非线性指标的表面肌电信号动作特征分析［J］. 中国组织工程研究与临床康复，2008，2（17）：3285-3288.

12. 马启伟，张力为. 运动心理学［M］. 杭州：浙江教育出版社，1998.

13. 漆昌柱. 羽毛球专家—新手在模拟比赛情景中的问题表征与运动思维特征［D］. 北京体育大学，2001.

14. 任杰，章建成. 运动技能获得中的内隐学习研究进展［J］. 体育科学，2000，20（4）：75–77.

15. 任杰，章建成，杨烨，等. 运动技能的内隐学习与分心练习——对应激的抵御［J］. 体育科学，2001，21（3），71–75.

16. 王碧野，周成林. 优秀击剑运动员技术动作修正优势的事件相关电位特点［J］. 中国运动医学杂志，2013，32（4）：307–312.

17. 王斌. 手球运动情境中直觉决策的实验研究与运动直觉理论的初步建构［D］. 北京体育大学，2002.

18. 王甦，汪安圣. 认知心理学［M］. 北京：北京大学出版社，1992.

19. 王树明，章建成. 文脉信息对羽毛球运动员预判绩效的影响［J］. 天津体育学院学报，2007，22（6）：487–490.

20. 王晓波，章建成. 学习型示范和熟练型示范对运动技能观察学习的影响［J］. 体育科学，2009，29（2）：25–29.

21. 王小春，周成林. 基于时间序列情境的网球专家预判优势——来自ERP的证据［J］. 中国运动医学杂志，2012，31（4）：345–352.

22. 于兆杰，李薇，陈伟芬. 对焦虑及其调控的探讨分析［J］. 体育学刊，2000（1）：32–33.

23. 章建成，施之皓，李安民，等. 刺激呈现方式对普通大学生和运动员EEG的影响［J］. 武汉体育学院学报，2012，46（11）：72–77.

24. 张力为，任未多. 现代运动心理学研究综述［J］. 心理学报，1995，27（4）：386–394.

25. 张怡，周成林. 专业网球选手不同时机判断击球落点的行为特征——来自ERP的证据［J］. 北京体育大学学报，2013，36（4）：82–88.

26. 张玉慧. 高水平乒乓球运动员发球旋转判断过程中神经心理机制的研究［D］. 上海体育学院，2011.

27. Abernethy. Dual–task methodology and motor skills research：some applications and methodological constraints［J］. Journal of Human Movement Studies，1988，14（3）：101–132.

28. Abernethy，Wood. Do generalized visual training programmes for sport really work? An experimental investigation［J］. Journal of Sports Sciences，2001，19（3）：203–222.

29. Adams. Motor skills［J］. Annual Review of Psychology，1964，15：181–202.

30. Adams. A closed–loop theory of motor learning［J］. Journal of Motor Behavior，1971，3：111–150.

31. Adams. Historical review and appraisal of research on the learning, retention, and transfer of human motor skills [J]. Psychological Bulletin, 1987, 101 (1): 41–74.

32. Adams, Creamer. Anticipatory timing of continuous and discrete responses [J]. Journal of experimental psychology, 1962, 63 (1): 84–90.

33. Al–Ameer, Toole. Combinations of blocked and random practice orders: Benefits to acquisition and retention [J]. Journal of Human Movement Studies, 1993, 25 (4): 177–191.

34. Bernstein. The coordination and regulation of movement [M]. New York: Pergamon, 1967.

35. Biguer, Jeannerod, Prablanc. The coordination of eye, head, and arm movements during reaching at a single visual target [J]. Experimental Brain Research, 1982, 46 (2): 301–304.

36. Bizzi. The coordination of eye–head movements [J]. Scientific American, 1974, 231 (4): 100–106.

37. Blandin, Lhuisset, Proteau. Cognitive processes underlying observational learning of motor skills [J]. The Quarterly Journal of Experimental Psychology: Section A, 1999, 52 (4): 957–979.

38. Brace. Measuring motor ability: A scale of motor ability tests [M]. New York: A. S. Barnes, 1927.

39. Brady. Contextual interference: a meta–analytic study [J]. Perceptual & Motor Skills, 2004, 99 (1): 116–126.

40. Briggs, Waters. Training and transfer as a function of component interaction [J]. Journal of Experimental Psychology, 1958, 56 (6): 492–500.

41. Carnahan, Marteniuk. The temporal organization of hand, eye, and head movements during reaching and pointing [J]. Journal of Motor Behavior, 1991, 23 (2): 109–119.

42. Carron.Performance and learning in a discrete motor task under massed vs. distributed practice [J]. Research Quarterly. American Association for Health, Physical Education and Recreation, 1969, 40 (3): 481–489.

43. Castiello, Bennett, Stelmach. Reach to grasp: the natural response to perturbation of object size [J]. Experimental Brain Research, 1993, 94 (1): 163–178.

44. Cauraugh, Chen, Radio. Effects of traditional and reversed bandwidth knowledge of results on motor learning [J]. Research Quarterly for Exercise and Sport, 1993, 64 (4): 413–417.

45. Chase, Ericsson. Skill and working memory [J]. Psychology of Learning and Motivation, 1982, 16: 1–58.

46. Crews, Landers. Electroencephalographic measures of attentional patterns prior to the golf putt [J]. Medicine & Science in Sports & Exercise, 1993, 25 (1): 116–126.

47. Del Rey. Training and contextual interference effects on memory and transfer [J]. Research Quarterly for Exercise and Sport, 1989, 60 (4): 342–347.

48. Dempster. The spacing effect: A case study in the failure to apply the results of psychological research [J]. American Psychologist, 1988, 43 (8): 627–634.

49. Diedrich, Warren. Why change gaits? Dynamics of the walk–run transition [J]. Journal of Experimental Psychology: Human Perception and Performance, 1995, 21 (1): 183–202.

50. Drowatzky, Zuccato. Interrelationships between selected measures of static and dynamic balance [J]. Research Quarterly. American Association for Health, Physical Education and Recreation, 1967, 38 (3): 509–510.

51. Elliott, Lyons, Dyson. Rescaling an acquired discrete aiming movement: Specific or general motor learning? [J]. Human Movement Science, 1997, 16 (1): 81–96.

52. Ericsson, Krampe, Tesch–Römer. The role of deliberate practice in the acquisition of expert performance[J]. Psychological Review, 1993, 100(3): 363.

53. Farnsworth, Poynter. A case of unusual ability in simultaneous tapping in two different tones [J]. The American Journal of Psychology, 1931.

54. Fishman, Tobey. Augmented feedback [J]. What's going on in gym: Descriptive studies of physical education classes. Motor Skills: Theory into Practice, Monograph, 1978 (1): 51–62.

55. Fitts. The information capacity of the human motor system in controlling the amplitude of movement [J]. Journal of Experimental Psychology, 1954, 47 (6): 381–391.

56. Fleishman, Stephenson. Development of a taxonomy of human performance: A review of the third year's progress [R]. Silver Springs, MD: American Institutes for Research., 1970.

57. Franz, Zelaznik, Swinnen. Spatial conceptual influences on the coordination of bimanual actions: When a dual task becomes a single task [J]. Journal of Motor Behavior, 2001, 33 (1): 103–112.

58. Dee Gallagher, Thomas. Effects of varying post-KR intervals upon children's motor performance [J]. Journal of Motor Behavior, 1980, 12 (1): 41–46.

59. Gentile. Movement science: Implicit and explicit processes during acquisition of functional skills [J]. Scandinavian Journal of Occupational Therapy, 1998, 5 (1): 7–16.

60. Gibson. The ecological approach to visual perception [M]. Boston: Houghton Mifling. 1979.

61. Goode, Magill. Contextual interference effects in learning three badminton serves [J]. Research Quarterly for Exercise and Sport, 1986, 57 (4): 308–314.

62. Gray. Attending to the execution of a complex sensorimotor skill: Expertise differences, choking, and slumps [J]. Journal of Experimental Psychology: Applied, 2004, 10 (1): 42–54.

63. Haken, Kelso, Bunz. A theoretical model of phase transitions in human hand movements [J]. Biological cybernetics, 1985, 51 (5): 347–356.

64. Hall, Domingues, Cavazos. Contextual interference effects with skilled baseball players [J]. Perceptual and Motor Skills, 1994, 78 (3): 835–841.

65. Henry, Rogers. Increased response latency for complicated movements and a "memory drum" theory of neuromotor reaction [J]. Research Quarterly. American Association for Health, Physical Education and Recreation, 1960, 31 (3): 448–458.

66. Heuer, Herbert, Steven. Handbook of Perception and Action: Motor Skills [M]. Salt Lake City: Academic Press, 1996.

67. Heyes, Foster. Motor learning by observation: evidence from a serial reaction time task [J]. The Quarterly Journal of Experimental Psychology

Section A，2002，55（2）：593–607.

68. Hick. On the rate of gain of information [J]. Quarterly Journal of Experimental Psychology，1952，4（1）：11–26.

69. Hull. Principles of behavior：An introduction to behavior theory [M]. New York：Appleton–Century–Crofts. 1943.

70. Intiso，Santilli，Grasso. Rehabilitation of walking with electromyographic biofeedback in foot–drop after stroke [J]. Stroke，1994，25（6）：1189–1192.

71. Jackson，Kritikos. Attention for action：Coordinating bimanual reach–to–grasp movements [J]. British Journal of Psychology，1999，90（2）：247–270.

72. James. The consciousness of self [J]. Principles of Psychology，1890，22（4）：540–552.

73. Janelle，Champenoy，Coombes，et al. Mechanisms of attentional cueing during observational learning to facilitate motor skill acquisition [J]. Journal of Sports Sciences，2003，21（10）：825–838.

74. Johansson，Westling. Roles of glabrous skin receptors and sensorimotor memory in automatic control of precision grip when lifting rougher or more slippery objects [J]. Experimental Brain Research，1984，56（3）：550–564.

75. Kelly，Burton，Riedel，et al. Sequence learning by action and observation：Evidence for separate mechanisms [J]. British Journal of Psychology，2003，94（3）：355–372.

76. Kelso. Dynamic patterns：The self–organization of brain and behavior [M]. Cambridge，MA：MIT Press，1995.

77. Kelso，Jeka. Symmetry breaking dynamics of human multilimb coordination [J]. Journal of Experimental Psychology：Human Perception and Performance，1992，18（3）：645–668.

78. Kernodle，Carlton. Information feedback and the learning of multiple–degree–of–freedom activities [J]. Journal of Motor Behavior，1992，24（2）：187–196.

79. Krist，Fieberg，Wilkening. Intuitive physics in action and judgment：The development of knowledge about projectile motion [J]. Journal of Experimental Psychology：Learning，Memory，and Cognition，1993，19（4）：

952–966.

80. Lai, Shea. Bandwidth knowledge of results enhances generalized motor program learning [J]. Research Quarterly for Exercise and Sport, 1999, 70 (1): 79–83.

81. Lee, Georgopoulos, Clark, et al. Guiding contact by coupling the taus of gaps [J]. Experimental Brain Research, 2001, 139 (2): 151–159.

82. Lee, Magill. Activity during the post–KR interval: Effects upon performance or learning? [J]. Research Quarterly for Exercise and Sport, 1983, 54 (4): 340–345.

83. Lee, White, Carnahan. On the role of knowledge of results in motor learning: Exploring the guidance hypothesis [J]. Journal of Motor Behavior, 1990, 22 (2): 191–208.

84. Lotter. Interrelationships among reaction times and speeds of movement in different limbs [J]. Research Quarterly. American Association for Health, Physical Education and Recreation, 1960, 31 (2): 147–155.

85. Macrae, Holding. Transfer of training after guidance or practice [J]. Quarterly Journal of Experimental Psychology, 1966, 18 (4): 327–333.

86. Magill, Anderson. Motor learning and control: Concepts and applications [M]. New York: McGraw–Hill, 2007.

87. Martens, Burwitz, Zuckerman. Modeling effects on motor performance [J]. Research Quarterly. American Alliance for Health, Physical Education and Recreation, 1976, 47 (2): 277–291.

88. Masson. Cognitive theories of skill acquisition [J]. Human Movement Science, 1990, 9 (3): 221–239.

89. McCloy. The measurement of general motor capacity and general motor ability [J]. Research Quarterly. American Physical Education Association, 1934, 5 (supl): 46–61.

90. McCracken, Stelmach. A test of the schema theory of discrete motor learning [J]. Journal of Motor Behavior, 1977, 9 (3): 193–201.

91. Mcleod, Jenkins. Timing accuracy and decision time in high–speed ball games [J]. International Journal of Sport Psychology, 1991, 22 (3–4): 279–295.

92. Meira, Tani. The contextual interference effect in acquisition of dart–throwing skill tested on a transfer test with extended trials [J]. Perceptual and

Motor Skills，2001，92（3）：910–918.

93. Mohler，Thompson，Creem–Regehr，et al. Visual flow influences gait transition speed and preferred walking speed [J]. Experimental Brain Research，2007，181（2）：221–228.

94. Moray. Listening and attention [M]. Baltimore：Penguin Books，1970.

95. Morris，Bransford，Franks. Levels of processing versus transfer appropriate processing [J]. Journal of Verbal Learning and Verbal Behavior，1977，16（5）：519–533.

96. Morrissey，Harman，Johnson. Resistance training modes：specificity and effectiveness [J]. Medicine and Science in Sports and Exercise，1995，27（5）：648–660.

97. Newell. The Speed–Accuracy Paradox in Movement Control：Errors of Time and space [M]. North Holland：Advances in Psychology，1980，1：501–510.

98. Newell，Van Emmerik. The acquisition of coordination：preliminary analysis of learning to write [J]. Human Movement Science，1989，8（1）：17–32.

99. Norman. Toward a theory of memory and attention [J]. Psychological Review，1968，75（6）：522–536.

100. Paulignan，MacKenzie，Marteniuk，et al. Selective perturbation of visual input during prehension movements [J]. Experimental brain research，1991，87（3）：407–420.

101. Polit，Bizzi. Characteristics of motor programs underlying arm movements in monkeys [J]. Journal of Neurophysiology，1979，42（1）：183–194.

102. Poulton. Perceptual anticipation and reaction time [J]. Quarterly Journal of Experimental Psychology，1950，2（3）：99–112.

103. Prinz. Perception and action planning [J]. European Journal of Cognitive Psychology，1997，9（2）：129–154.

104. Proteau，Isabelle. On the role of visual afferent information for the control of aiming movements toward targets of different sizes [J]. Journal of Motor Behavior，2002，34（4）：367–384.

105. Proteau，Marteniuk，Lévesque. A sensorimotor basis for motor

learning: Evidence indicating specificity of practice [J]. The Quarterly Journal of Experimental Psychology, 1992, 44 (3): 557–575.

106. Rack, Westbury. The effects of length and stimulus rate on tension in the isometric cat soleus muscle [J]. The Journal of Physiology, 1969, 204 (2): 443–460.

107. Schmidt. A schema theory of discrete motor skill learning [J]. Psychological Review, 1975, 82 (4): 225–260.

108. Schmidt, Lee, Winstein, et al. Motor control and learning: A behavioral emphasis [M]. United States: Human kinetics, 2011.

109. Schneider, Schmidt. Units of action in motor control: Role of response complexity and target speed [J]. Human Performance, 1995, 8 (1): 27–49.

110. Shapiro. The schema theory: Recent evidence and developmental implications [J]. The Development of Movement Control and Coordination, 1982: 113–150.

111. Shea, Kohl, Indermill. Contextual interference: Contributions of practice [J]. Acta Psychologica, 1990, 73 (2): 145–157.

112. Shea, Titzer. The influence of reminder trials on contextual interference effects [J]. Journal of Motor Behavior, 1993, 25 (4): 264–274.

113. Shea, Wulf, Park, et al. Effects of an auditory model on the learning of relative and absolute timing [J]. Journal of Motor Behavior, 2001, 33 (2): 127–138.

114. Sherrington. The integrative action of the nervous system [J]. The Journal of Nervous and Mental Disease, 1906.

115. Sherwood. Distance and location assimilation effects in rapid bimanual movement [J]. Research Quarterly for Exercise and Sport, 1991, 62 (3): 302–308.

116. Shewokis, Klopfer. Some blocked practice schedules yield better learning than random practice schedules with anticipation timing tasks [J]. Journal of Human Movement Studies, 2000, 38 (2): 57–73.

117. Simon, Bjork. Models of performance in learning multisegment movement tasks: Consequences for acquisition, retention, and judgments of learning [J]. Journal of Experimental Psychology: Applied, 2002, 8 (4): 222–232.

118. Summers, Todd, Kim. The influence of perceptual and motor factors on bimanual coordination in a polyrhythmic tapping task [J]. Psychological Research, 1993, 55 (2): 107–115.

119. Swinnen, Schmidt, Nicholson, et al. Information feedback for skill acquisition: Instantaneous knowledge of results degrades learning [J]. Journal of Experimental Psychology: Learning, Memory, and Cognition, 1990, 16 (4): 706.

120. Turvey. Coordination [J]. American Psychologist, 1990, 45 (8): 938–953.

121. Wadman, Denier, Geuze, et al. Control of fast goal–directed arm movements [J]. Journal of Human Movement Studies, 1979, 5 (1): 3–17.

122. Walter, Swinnen. Asymmetric interlimb interference during the performance of a dynamic bimanual task [J]. Brain and Cognition, 1990, 14 (2): 185–200.

123. Ward, Williams. Perceptual and cognitive skill development in soccer: The multidimensional nature of expert performance [J]. Journal of Sport and Exercise Psychology, 2003, 25 (1): 93–111.

124. Weeks, Anderson. The interaction of observational learning with overt practice: Effects on motor skill learning [J]. Acta Psychologica, 2000, 104 (2): 259–271.

125. Williams, Singer, Frehlich. Quiet eye duration, expertise, and task complexity in near and far aiming tasks [J]. Journal of Motor Behavior, 2002, 34 (2): 197–207.

126. Winstein, Schmidt. Reduced frequency of knowledge of results enhances motor skill learning [J]. Journal of Experimental Psychology: Learning, Memory, and Cognition, 1990, 16 (4): 677–691.

127. Woodworth. Accuracy of voluntary movement [J]. The Psychological Review: Monograph Supplements, 1899.

128. Wright, Li, Whitacre. The contribution of elaborative processing to the contextual interference effect [J]. Research Quarterly for Exercise and Sport, 1992, 63 (1): 30–37.

129. Wrisberg, Schmidt. A note on motor learning without post–response knowledge of results [J]. Journal of Motor Behavior, 1975, 7 (3): 221–225.

130. Wright, Shea. Contextual dependencies in motor skills [J]. Memory & Cognition, 1991, 19 (4): 361–370.

131. Wulf, Hörger, Shea. Benefits of blocked over serial feedback on complex motor skill learning [J]. Journal of Motor Behavior, 1999, 31 (1): 95–103.

132. Wulf, Weigelt, Poulter, et al. Attentional focus on suprapostural tasks affects balance learning [J]. The Quarterly Journal of Experimental Psychology Section A, 2003, 56 (7): 1191–1211.

133. Yamanishi, Kawato, Suzuki. Two coupled oscillators as a model for the coordinated finger tapping by both hands [J]. Biological Cybernetics, 1980, 37 (4): 219–225.

134. Zavala, Locke, Van Cott, et al. The analysis of helicopter pilot performance [M]. Washington, DC: American Institutes for Research, 1965.